教育部职业教育与成人教育司推荐教材
中等职业学校汽车运用与维修专业教学用书

Qiche Fadongji Gouzao yu Weixiu
汽车发动机构造与维修

（第3版）

全华科友　组织编写
王　会　刘朝红　主　编
胡海玲　张　梅　副主编

人民交通出版社股份有限公司
China Communications Press Co.,Ltd.

内 容 提 要

本书是教育部职业教育与成人教育司推荐教材，主要内容包括：发动机的基本知识、机体—曲柄连杆机构、配气机构、进、排气系统及增压机构、汽油机燃料供给系统、柴油机燃料供给系统、润滑系统、冷却系统、发动机电气设备、发动机的分解与装配、空气系统与汽油机燃料供给系统的维修、柴油机燃料供给系统的维修、润滑系统的维修、冷却系统的维修、发动机电气设备的维修、发动机的调整与检测。各单元末附有适量的习题。

本书可供中等职业学校汽车运用与维修专业师生教学使用，也可供汽车使用、维修、检测技术人员参考。

图书在版编目（CIP）数据

汽车发动机构造与维修 / 王会，刘朝红主编. —3 版. —北京：人民交通出版社股份有限公司，2019.11
ISBN 978-7-114-15488-1

Ⅰ. ①汽⋯ Ⅱ. ①王⋯ ②刘⋯ Ⅲ. ①汽车—发动机—构造—职业教育—教材②汽车—发动机—车辆修理—职业教育—教材 Ⅳ. ①U472.43

中国版本图书馆CIP数据核字(2019)第072639号

书　　名：汽车发动机构造与维修（第3版）
著 作 者：王　会　刘朝红
责任编辑：李　良
责任校对：赵媛媛
责任印制：张　凯
出版发行：人民交通出版社股份有限公司
地　　址：(100011) 北京市朝阳区安定门外外馆斜街3号
网　　址：http://www.ccpress.com.cn
销售电话：(010) 59757973
总 经 销：人民交通出版社股份有限公司发行部
经　　销：各地新华书店
印　　刷：北京市密东印刷有限公司
开　　本：787×1092　1/16
印　　张：16.25
字　　数：335千
版　　次：2005年8月　第1版
　　　　　2010年10月　第2版
　　　　　2019年11月　第3版
印　　次：2019年11月　第3版　第1次印刷　总计第23次印刷
书　　号：ISBN 978-7-114-15488-1
定　　价：40.00元

（有印刷、装订质量问题的图书由本公司负责调换）

第3版前言

为深入贯彻《国务院关于加快发展现代职业教育的决定》以及教育部等六部委《关于实施职业院校制造业和现代服务业技能型紧缺人才培养培训工程的通知》精神，积极推进课程改革和教材建设，为中等职业教育教学提供更加丰富和多样化的实用教材，适应经济发展、产业升级和技术进步，满足交通运输业科学发展的需要，人民交通出版社股份有限公司和相关机构组织全国交通职业院校的专业教师，按照"专业设置与产业企业岗位需求对接、课程内容与职业标准对接、教学过程与生产过程对接、明显提升职业院校毕业生就业质量"的要求，依据教育部颁布的《中等职业院校汽车运用与维修专业领域技能型紧缺人才培养培训指导方案》，对教育部职业教育与成人教育司推荐教材进行了再版修订，供全国中等职业院校汽车运用与维修等专业教学使用。

此次再版修订教材符合国家对技能型紧缺人才培养培训工作的需要，体现了中等职业教育的特色，教材特点如下：

1. "以服务发展为宗旨，以促进就业为导向"，加强文化基础教育，强化技术技能培养，符合高素质中、初级汽车专业实用人才培养的需求；

2. 总结近几年教学改革经验，教材修订符合中等职业院校学生的认知规律，注重知识的实际应用和对学生职业技能的训练，符合中职院校教学与培训的需要；

3. 依据最新国家及行业标准，剔除上一版教材中陈旧过时的内容，教材修订量在20%以上，反映了新知识、新技术、新工艺。

《汽车发动机构造与维修（第3版）》是中等职业学校汽车类专业的核心课程用书。本书是编者在多年从事汽车构造课程教学及大量社会调研的基础上，充分考虑了目前国内中等职业教育教学的特点，紧密结合汽车新知识、新技术，以理实一体化的教学方法来组织编写的，有较强的针对性和实用性。

全书由王会、刘朝红担任主编，胡海玲、张梅担任副主编，参加本书编写工作的还有焦治波、王贵选、金雷、孔维峰、刘宝来、孙鹏、付凯、惠有利、吴兴敏、杨艳芬、李培军、郭大民、项仁峰、李春芳、黄宜坤、张义、黄艳玲、孙涛、张丽丽等。

在本书的编写过程中，编者参考了国内外大量资料与参考文献，再次，向相关作者致以最诚挚的谢意。由于编者水平有限，书中难免有不妥和错误之处，恳请广大读者批评指正。

编者

2019年7月

CONTENTS 目录

单元1 发动机的基本知识
1.1 概述 ········· 2
1.2 往复活塞式发动机的工作原理 ········· 7
1.3 发动机的总体构造 ········· 7
理论测试 ········· 8

单元2 机体–曲柄连杆机构
2.1 概述 ········· 12
2.2 机体 ········· 12
2.3 活塞连杆组 ········· 14
2.4 曲轴飞轮组 ········· 18
理论测试 ········· 22

单元3 配气机构
3.1 概述 ········· 27
3.2 气门组 ········· 27
3.3 气门传动组 ········· 28
3.4 配气正时及可变配气正时机构 ········· 30
理论测试 ········· 33

单元4 进、排气系统及增压机构
4.1 进气系统 ········· 36
4.2 排气系统 ········· 41
4.3 增压机构 ········· 43
理论测试 ········· 45

单元5 汽油机燃料供给系统

- 5.1 概述 ·········· 48
- 5.2 汽油供给系统 ·········· 52
- 5.3 空气供给系统 ·········· 59
- 5.4 电子控制系统 ·········· 65
- 理论测试 ·········· 82

单元6 柴油机燃料供给系统

- 6.1 概述 ·········· 86
- 6.2 喷油器 ·········· 86
- 6.3 喷油泵 ·········· 90
- 6.4 调速器 ·········· 90
- 6.5 辅助装置 ·········· 91
- 6.6 电子控制柴油喷射系统 ·········· 93
- 理论测试 ·········· 97

单元7 润滑系统

- 7.1 概述 ·········· 100
- 7.2 润滑油 ·········· 100
- 7.3 润滑油路及主要部件的构造 ·········· 102
- 理论测试 ·········· 105

单元8 冷却系统

- 8.1 概述 ·········· 109
- 8.2 冷却液 ·········· 110
- 8.3 冷却液循环及主要部件的构造 ·········· 110
- 理论测试 ·········· 117

单元9 发动机电气设备

- 9.1 蓄电池 ·········· 120
- 9.2 起动系统 ·········· 121
- 9.3 充电系统 ·········· 124

9.4　点火系统 ·· 127
理论测试 ··· 129

单元 10　发动机的分解与装配
10.1　发动机的分解 ································· 133
10.2　发动机的装配 ································· 141
理论测试 ··· 158
技能测试 ··· 160

单元 11　空气系统与汽油机燃料供给系统的维修
11.1　空气滤清器的清洁或更换 ·················· 164
11.2　节气门体的清洗或更换 ····················· 164
11.3　汽油滤清器的更换 ··························· 165
11.4　喷油器的检查、清洗或更换 ··············· 166
11.5　汽油泵的检查和更换 ························ 167
理论测试 ··· 170
技能测试 ··· 171

单元 12　柴油机燃料供给系统的维修
12.1　喷油正时的校正 ····························· 174
12.2　发动机怠速的调整 ··························· 176
12.3　喷油器的拆装、分解与装配 ··············· 178
12.4　喷油泵的拆装、分解与装配 ··············· 180
12.5　调速器的拆装、分解与装配 ··············· 205
12.6　输油泵的拆装、分解与装配 ··············· 208
理论测试 ··· 210
技能测试 ··· 212

单元 13　润滑系统的维修
13.1　机油的检查和更换 ··························· 217
13.2　机油滤清器的更换 ··························· 218
理论测试 ··· 220

技能测试 ……………………………………………………………………… 221

■■▶ 单元 14　冷却系统的维修

　　14.1　冷却液的检查、添加或更换 …………………………………………… 223
　　14.2　节温器的检查和更换 …………………………………………………… 223
　　14.3　冷却液温度传感器的检查和更换 ……………………………………… 225
　　14.4　水泵的检查和更换 ……………………………………………………… 226
　　14.5　电动风扇的检查 ………………………………………………………… 227
　　理论测试 ……………………………………………………………………… 229
　　技能测试 ……………………………………………………………………… 231

■■▶ 单元 15　发动机电气设备的维修

　　15.1　蓄电池的检查和更换 …………………………………………………… 233
　　15.2　发电机的检查和更换 …………………………………………………… 234
　　15.3　起动机的检查和更换 …………………………………………………… 234
　　15.4　火花塞的检查、清洁或更换 …………………………………………… 235
　　15.5　点火高压线的检查和更换 ……………………………………………… 236
　　理论测试 ……………………………………………………………………… 237
　　技能测试 ……………………………………………………………………… 239

■■▶ 单元 16　发动机的调整与检测

　　16.1　发动机怠速的调整 ……………………………………………………… 241
　　16.2　汽缸压缩压力的检测 …………………………………………………… 241
　　16.3　汽缸漏气的检测 ………………………………………………………… 244
　　16.4　发动机真空度的检测 …………………………………………………… 245
　　理论测试 ……………………………………………………………………… 247
　　技能测试 ……………………………………………………………………… 249

参考文献 ……………………………………………………………………………… 250

单元1

发动机的基本知识

知识目标：

1. 了解发动机的定义和类型；
2. 掌握往复活塞式发动机的工作原理、主要性能指标。

能力目标：

1. 掌握车用发动机的总体构造；
2. 掌握发动机的型号编制规则。

建议学时：

10 学时。

1.1 概述

1.1.1 发动机的定义

汽车的动力源是发动机。发动机是将某一种形式的能量转化为机械能的机器。

将燃料燃烧所产生的热能转化为机械能的装置称为热力发动机,简称热机。热机又分为内燃机和外燃机。

内燃机是燃料在机器内部燃烧而产生热能,然后再转变成机械能的机器。外燃机燃料在机器外部的锅炉内燃烧,将锅炉内的水加热而产生高温、高压的水蒸气,输送至机器内部,使所含的热能转变为机械能,如蒸汽机。

1.1.2 发动机的类型

往复活塞式发动机是现代内燃机的主流。往复活塞式发动机按照点火方式、工作循环、热力循环、凸轮轴的位置及数量、汽缸排列、使用燃料、冷却方式等可以分为很多种。

一、按照点火方式分类

图1-1 点燃式发动机

按照点火方式分为点燃式发动机和压燃式发动机。

(1)点燃式发动机:使用高压电火花于压缩行程末期,点燃汽缸中混合气的发动机,如汽油发动机、液化石油气发动机、双燃料发动机等,如图1-1所示。

(2)压燃式发动机:先将空气以极高压缩比在汽缸内压缩,压缩后汽缸内空气的压力及温度均很高,再将柴油或重油以极细的雾粒,喷入汽缸中,自行吸热着火燃烧的发动机,如柴油发动机、重油发动机等,如图1-2所示。

图1-2 压燃式发动机

二、按照工作循环分类

按照工作循环分为四冲程发动机和二冲程发动机。

（1）四冲程发动机：活塞在汽缸中移动四个行程，曲轴旋转720°，完成一个工作循环的发动机。

（2）二冲程发动机：活塞在汽缸中移动两个行程，曲轴旋转360°，完成一个工作循环的发动机。

三、按照凸轮轴的位置及数量分类

1 单凸轮轴发动机

单凸轮轴发动机如图1-3所示。

a) 底置凸轮轴（OHV）　　b) 单顶置凸轮轴（SOHC）

图1-3　单凸轮轴发动机的凸轮轴部分

2 双凸轮轴发动机

双凸轮轴发动机如图1-4所示。

图1-4　双凸轮轴发动机的凸轮轴部分

四、按照使用燃料分类

❶ 汽油发动机

以汽油为燃料,为目前小型车发动机的主流,其特征为体积小、质量轻、转速高,如图1-5所示。

❷ 柴油发动机

以柴油为燃料,柴油发动机为压缩式发动机,为内燃机中热效率最高的发动机,使用柴油为燃料,富有经济性,现代大型载货车辆广泛使用,如图1-6所示。

图1-5 汽油发动机

图1-6 柴油发动机

❸ 液化石油气发动机

以液化石油气为燃料的发动机,除氧化氮外,其余污染气体排放量低,且CO_2的排放量比汽油发动机低,适合城区营运车辆采用,如图1-7所示。

图1-7 液化石油气发动机

❹ 双燃料发动机

具有两套燃料供应系统,一套供给天然气或液化石油气,另一套供给汽油或柴油,两套燃料供给系统按预定的配比向汽缸供给燃料。在缸内混合燃烧的汽车,如天然气柴油双燃料的汽车,或液化石油气柴油双燃料的汽车。此类车辆以天然气或液化石油气为主燃料,柴油起引燃作用。此类发动机可以在单纯燃烧柴油和天然气与柴油同时混烧两种工况灵活切换。

五、按照汽缸的数目及排列分类

❶ 按照汽缸的数目分类

单汽缸发动机：排气量较小，广泛应用于机车、抽水机、割草机等，如图1-8所示。

多汽缸发动机：多汽缸的汽油发动机有2、3、4、5、6、8、10、12缸等，通常排气量1L以下的为2~4缸，1~3.5L的为4~6缸，3.5L以上的为8~12缸，如图1-9所示。

图1-8　单汽缸发动机

图1-9　多汽缸发动机

❷ **按照汽缸的排列方式分类**

直列式发动机：为目前2.0L以下排气量发动机的主流，如图1-10所示。

V形发动机：为目前3.0L以上排气量发动机的主流，如图1-11所示。

图1-10　直列式发动机

图1-11　V形发动机

辐射式发动机，如图1-12所示。

水平对置式发动机，如图1-13所示。

图1-12　辐射式发动机

图1-13　水平对置式发动机

六、按照冷却方式分类

1 水冷式发动机

汽缸及气门周围有水套,现代汽车发动机用冷却液代替水作冷却介质,利用冷却液将热量经散热器散发于空气中,大部分发动机均采用水冷式,如图1-14所示。

2 风冷式发动机

在汽缸周围装置有很多散热片,以风扇、鼓风机或自然通风方式,使空气流过散热片四周,将发动机热量带走的冷却方式,一般小型发动机采用较多,如图1-15所示。

图1-14 水冷式发动机

图1-15 风冷式发动机

1.1.3 往复活塞式发动机的基本结构

(1)活塞在汽缸内上下往复运动,经连杆转变成旋转运动,带动曲轴旋转的发动机称为往复活塞式发动机,如图1-16所示。

(2)发动机术语:

①上止点:活塞顶面在汽缸中的最高点。

②下止点:活塞顶面在汽缸中的最低点。

③行程:上、下止点间的距离。

④汽缸的排量:上、下止点间的汽缸的容积。

⑤发动机排量:各个汽缸排量的总和。

⑥燃烧室容积:活塞在上止点时其上方的容积。

图1-16 往复活塞式发动机的基本结构

1.2 往复活塞式发动机的工作原理

1.2.1 四冲程汽油机工作原理

（1）四冲程循环发动机：活塞在汽缸中上下运动四个行程，即曲轴旋转720°，完成一个工作循环的发动机。

（2）四个行程按照工作的先后次序，分别为进气行程、压缩行程、做功行程、排气行程，如图1-17所示。

　　a) 进气行程　　　　b) 压缩行程　　　　c) 做功行程　　　　d) 排气行程

图1-17　四冲程汽油机工作过程

进气行程：活塞从上止点向下运动到下止点，进气门打开，排气门关闭，汽缸内产生真空，将新鲜混合气吸入汽缸。

压缩行程：进气门和排气门全部关闭，活塞从下止点向上运动到上止点，压缩汽缸中的混合气，使混合气温度升高、压力增大，为点火做功做好准备。

做功行程：活塞从上止点向下止点运动，进、排气门仍然保持关闭状态，混合气点火燃烧，汽缸内压力迅速增大，将活塞从上止点推向下止点，燃料的热能转化为机械能。

排气行程：活塞从下止点向上运动到上止点，进气门关闭，排气门打开。汽缸中燃烧以后的废气经排气门和排气歧管等排到大气中。

1.2.2 四冲程柴油机工作原理

四冲程柴油机（压燃式发动机）的每个工作循环也经历进气、压缩、做功、排气四个行程。但由于柴油机的燃料是柴油，其黏度比汽油大，而且自燃温度比汽油低，所以可燃混合气是被压缩后自行着火燃烧的，这点与汽油机通过火花塞点火的着火方式不同。

1.3 发动机的总体构造

发动机是一部由许多机构和系统组成的复杂机器。现代汽车发动机的结构形式很多，汽油机通常由两大机构和五大系统组成，柴油机则由两大机构四大系统组成。

（1）机体-曲柄连杆机构。

①机体：发动机的机体组包括汽缸盖、汽缸体及油底壳。

有的发动机将汽缸体分铸成上下两部分，上部称为汽缸体，下部称为曲轴箱。

机体的作用是作为发动机各机构、各系统的装配基体,而且其本身的许多部分又分别是曲轴连杆机构、配气机构、供给系统、冷却系统和润滑系统的组成部分,所以在进行结构分析时,常把机体组列入曲柄连杆机构。

②曲柄连杆机构:曲柄连杆机构包括活塞、连杆、带有飞轮的曲轴等。这是将活塞的往复直线运动变为曲轴的旋转运动并输出动力的机构。

(2)配气机构。配气机构包括进气门、排气门、摇臂、气门间隙调节器、凸轮轴以及凸轮轴定时带轮。其作用是使可燃混合气及时充入汽缸并及时将废气从汽缸排出。

(3)供给系统。供给系统包括燃料供给系统和空气供给系统。其中燃料供给系统又包括汽油箱、汽油泵、汽油滤清器等;空气供给系统包括空气滤清器、进气管、排气管、排气消声器等。其作用是把汽油和空气混合成可燃混合气供入汽缸以供燃烧,并将燃烧生成的废气排出发动机。

(4)点火系统。点火系统的功用是保证按规定时刻及时点燃汽缸中被压缩的混合气。包括蓄电池、发电机、火花塞、点火线圈或者点火模块等。

(5)冷却系统。冷却系统主要包括水泵、散热器、风扇、水管以及水套等。其功用是把受热机件的热量散到大气中去,以保证发动机的正常工作温度。

(6)润滑系统。润滑系统包括集滤器、机油泵、机油滤清器、润滑油道等。其功用是将润滑油供给相对运动的零件,以减少零件之间的摩擦阻力,减轻零件的磨损,并对摩擦零件起到冷却和清洗的作用。

(7)起动系统。起动系统包括起动机及其附属装置,其作用是使静止的发动机起动并转入自行运转状态。

理论测试

一、填空题

1. 车用内燃机根据其燃料不同分为_____和_____。
2. 四冲程发动机每完成一个工作循环,曲轴旋转_____周,进、排气门各开启_____次,活塞在两止点间移动_____次。
3. 上、下止点间的距离称为_____。
4. 四冲程发动机每完成一个工作循环需要经过_____、_____、_____和_____四个行程。
5. 在内燃机工作的过程中,膨胀过程是主要过程,它将燃料的_____转变为_____。
6. 在进气行程中,进入汽油机汽缸的是_____,而进入柴油机汽缸的是_____;汽油机的点火方式是_____,而柴油机的点火方式是_____。

7. 汽油机由_____大机构_____大系统组成,柴油机由_____大机构_____大系统组成。

8. 发动机的动力性指标主要有_____和_____等;经济性指标主要有_____。

二 选择题

1. (　　)不是火花塞点火式发动机。
   A. 柴油发动机　　　　　　　B. 液化石油气发动机
   C. 汽油发动机　　　　　　　D. 双燃料发动机

2. 柴油发动机只有一个燃烧室的为(　　)燃烧室。
   A. 预燃室式　　　　　　　　B. 直接喷射式
   C. 能量室式　　　　　　　　D. 涡流室式

3. 目前采用最多的汽油发动机型式为(　　)。
   A. 直列式　　　　　　　　　B. 水平式
   C. V形　　　　　　　　　　D. 对置式

4. 汽缸上止点与下止点间的距离,称为(　　)。
   A. 活塞位移容积　　　　　　B. 排气量
   C. 行程　　　　　　　　　　D. 燃烧室容积

5. 四冲程往复式发动机,活塞在汽缸中移动四个行程,曲轴旋转(　　)。
   A. 180°　　　　　　　　　　B. 360°
   C. 540°　　　　　　　　　　D. 720°

6. 对二冲程往复活塞式发动机的叙述错误的是(　　)。
   A. 活塞将扫气孔封闭时,压缩行程开始
   B. 油底壳内无机油
   C. 进气必须分两个阶段才能完成
   D. 排气必须分两个阶段才能完成

7. (　　)不是二冲程发动机的特征。
   A. 发动机结构较简单　　　　B. 会排白烟
   C. 必须采用多缸发动机　　　D. 汽缸的热变形较大

三 判断题

1. 发动机循环的四个步骤是进气、压缩、做功及排气。　　　　　　　　(　　)

2. 活塞在汽缸中移动两个行程,即曲轴转一圈,可完成一次循环的发动机,称为四冲程循环发动机。　　　　　　　　　　　　　　　　　　　　　　　　(　　)

3. 目前化油器式发动机已被汽油喷射式发动机所取代。　　　　　　　　(　　)

4. BDC 称为上止点,是活塞顶面在汽缸中的最高点。　　　　　　　(　　)

5. 活塞从下止点上行,等进气门关闭后,实际的压缩行程才开始。　(　　)

6. 四冲程汽油发动机的配气机构比二冲程汽油发动机复杂。　　　　(　　)

四 简答题

1. 何谓循环?

2. 何谓四冲程循环发动机?

3. 何谓双燃料发动机?

4. 何谓上止点与下止点?

5. 何谓排量?

单元2

机体-曲柄连杆机构

- 知识目标：

    1. 了解机体 – 曲柄连杆机构中各部件的定义和种类；
    2. 掌握机体 – 曲柄连杆机构中各部件的功用。

- 能力目标：

    1. 掌握机体 – 曲柄连杆机构各部件的组成及相对位置；
    2. 掌握机体 – 曲柄连杆机构各部件的构造及结构特点。

- 建议学时：

    10 学时。

2.1 概述

（1）组成：机体组、连杆活塞组、曲轴飞轮组。
（2）功用：
①机体组：发动机的基体和骨架。
②活塞连杆组：将燃料燃烧产生的热能转化为机械能并通过连杆传递给曲轴。
③曲轴飞轮组：将连杆传递来的能量通过飞轮输出，并带动发动机其他运动部件运转。

2.2 机体

图 2-1 汽缸盖和汽缸体

（1）发动机的主要部分就是发动机本体，汽油与空气的混合气在燃烧室内燃烧，爆发的压力转化为旋转的动力，从飞轮输出。

（2）发动机本体的两大组件为汽缸盖与汽缸体，在两者的内部及外表装有许多零件，整体构成发动机本体。而大部分是装在发动机本体的外表，少部分则装在发动机本体的内部，所安装的各附属装置有燃料供给装置、进排气装置、润滑装置、冷却装置，以及起动装置、充电装置与点火装置等，全体构成一部完整且能正常运转的发动机，如图 2-1 所示。

2.2.1 汽缸盖

一、汽缸盖的安装位置

（1）汽缸盖装在汽缸体的上方，两者之间用汽缸垫保持密封，如图 2-2 所示。

图 2-2 汽缸盖的位置示意图

（2）活塞在上止点时，汽缸盖的底部与活塞的顶部之间，形成燃烧室。

二、汽缸盖的结构

汽缸盖内装有进气门、排气门、进气门导管、排气门导管及火花塞等,其上还装有凸轮轴、进气门摇臂、排气门摇臂、进气歧管及排气歧管等;汽缸盖内部还装有水套,以帮助散热,如图2-3所示。

风冷式发动机汽缸盖的结构如图2-4所示,在汽缸盖的周围装有散热片,以帮助发动机散热。

图2-3 汽缸盖的结构　　　　图2-4 风冷式汽缸盖的结构

2.2.2 汽缸垫

(1)汽缸盖与汽缸体之间必须使用汽缸垫来保持密封,以防止漏气、漏水或漏油。汽缸垫必须具备良好的强度、耐压性和耐热性。

(2)现代发动机多采用全不锈钢片式汽缸垫,由三层不锈钢薄片所组成,以承受燃烧室产生的高压,并能有效防止冷却液与机油泄漏。

2.2.3 燃烧室

燃烧室的种类:盆形燃烧室、楔形燃烧室、半球形燃烧室、多气门燃烧室。

2.2.4 汽缸体

一、汽缸体的结构

汽缸体为发动机的主要骨架,是由汽缸体部分与曲轴箱部分合制而成,如图2-5所示。其上部安装汽缸套,下部连接油底壳,内部装有曲轴、轴承片、机油泵等零件;同时起动机、空调压缩机、变速器等都以汽缸体为支架装在上面。

图2-5 汽缸体的结构

二、水冷式发动机与风冷式发动机汽缸体

（1）水冷式发动机的汽缸体，均为合铸式，各汽缸合铸成一体。在汽缸套周围有水套环绕，水套内有循环的冷却液，以防止发动机温度过高。

（2）风冷式发动机的汽缸体，多以铝合金制成，且采用分铸式。汽缸体周围有散热片，以增加散热面积，提高散热能力。

2.2.5 汽缸套

（1）汽缸体中的汽缸，必须是圆筒形；因活塞在内部以极快的速度进行往复运动，故耐磨性要好；且混合气燃烧的温度极高，故必须导热性能良好，以保持正常的工作温度。

（2）通常在汽缸中另镶入表面镀耐磨金属的汽缸套，磨损后可更换汽缸套。

❶ 干式汽缸套

汽缸套不与冷却液直接接触，厚度较薄，如图2-6a）所示。通常汽缸套均以比汽缸孔内径稍大的外径压入汽缸孔中，使两者能紧密接合，加快散热速度，大多用于汽油发动机。

❷ 湿式汽缸套

汽缸套与冷却液直接接触，其上部有凸缘，利用汽缸盖压紧在汽缸体上，以避免松动，如图2-6b）所示。上部及下部并使用1~2条橡皮水封，以防止漏水，柴油发动机使用较多。

a) 干式汽缸套　　b) 湿式汽缸套

图2-6　干式与湿式汽缸套

2.2.6 油底壳

汽缸体的下方为油底壳，两者以螺栓连接，中间为软木垫片或硅质密封胶，以防机油泄漏。油底壳是用来容纳机油的，内部设有隔板以防止机油的晃动。

2.3 活塞连杆组

2.3.1 活塞与活塞销

一、概述

活塞在汽缸中作往复运动，将燃烧产生的动力，经活塞销及连杆传到曲轴，使曲轴

作旋转运动。活塞为圆筒形,上方周围有槽,槽中安装活塞环,以防止漏气及机油进入燃烧室;活塞下方为裙部,支撑在汽缸壁上,以防止活塞在运动时产生摇摆。

二、活塞的分类

平顶式:此种形式结构最简单。
凸顶式:高压缩比发动机使用较多。
凹顶式:直接喷射式柴油发动机使用。
特殊顶式:直接喷射式汽油发动机使用,或某些发动机为提高涡流或避免活塞顶部与气门头部相互撞击而采用此种形式。

三、活塞销

❶ 概述

活塞销连接活塞及连杆小头,承受很大的冲击负荷,故必须强度大;且活塞销随活塞运动,故必须质量轻,以减少惯性及提高运动速度。因此,通常使用铬钼或镍铬合金钢管制成;表面淬硬磨光,以增加耐磨性。

❷ 活塞销的固定方式

固定式:活塞销以螺栓固定在活塞上,连杆小头与活塞销之间可以滑动,如图2-7a)所示。

半浮式:活塞销固定在连杆小头上,活塞与活塞销之间可以滑动,如图2-7b)所示。一般汽油发动机常采用半浮式,即将活塞销直接压入连杆小头孔中。

全浮式:活塞销不固定在活塞上,也不固定在连杆小头上,是在活塞销毂两端以弹性卡环扣住,以防止活塞销滑出,如图2-7c)所示。

图2-7 活塞销的固定方式

2.3.2 活塞环

(1)活塞环为铸铁制的圆环,安装在活塞环槽中,包括气环和油环,如图2-8所示。

图2-8 装在活塞环槽中的活塞环

（2）活塞环具有张力，对汽缸壁加压，使气密良好；同时发动机运转时，活塞头部所承受的热，必须经活塞环传到汽缸壁；另外活塞环也须将汽缸壁过多的机油刮除，以免进入燃烧室中。

（3）气环主要起密封和导热的目的，装在上方，有2~3条。

油环的主要作用是在汽缸壁上涂上均匀的油膜和刮除多余的机油并辅助密封。油环装在下方，有1~2条。

（4）油环。现代汽油发动机多使用组合式油环，可有效控制机油油膜。

组合式油环由两片铬合金钢片及弹性衬环所组成，如图2-9所示。弹性衬环使铬合金钢片向上、向下及向外作用。

图2-9 组合式油环

2.3.3 连杆总成

一、概述

连杆总成由连杆、连杆轴承及连杆轴承盖等组成，如图2-10所示。连杆连接在活塞与曲轴之间，将活塞的动力传递到曲轴，并将活塞的往复直线运动转变成曲轴的旋转运动。

二、连杆的种类

1 分离式

车用四冲程汽油发动机均采用分离式连杆,即连杆大头分成两半,配合精密镶入式轴承片使用,如图2-10所示。

图2-10 连杆总成的结构

如图2-11所示,在连杆大头轴承盖上有定位销,在组合连杆总成时作定位用;同时在连杆大头的一侧有对正记号,以免在组合时,装错连杆大头轴承盖的方向。

图2-11 连杆大头轴承盖上的定位销与对正记号

2 整体式

整体式连杆不能分解,多用于二冲程汽油发动机或小型发动机上,连杆的大、小头均使用圆柱滚子轴承,以减少摩擦。

三、连杆轴承

❶ 连杆小头轴承

四冲程发动机的连杆小头轴承是以青铜或磷青铜为材料制成,俗称铜套;二冲程发动机则通常是采用圆柱滚子轴承。

图2-12 连杆轴承片的结构

❷ 连杆大头轴承

一般连杆大头轴承,都是精密镶入式轴承,以软钢为背,内衬以轴承合金。

为防止轴承片松动,在轴承片一端有一凸起的定位凸键,与轴承座上的凹槽相嵌合以定位,如图2-12所示。

现代汽油发动机广泛使用的轴承片为铜铅合金材料。

2.4 曲轴飞轮组

2.4.1 曲轴总成

一、概述

（1）曲轴将活塞的往复运动,经连杆转变为旋转运动,且利用飞轮的惯性,将动力供给活塞做进气、压缩、排气等工作,并将各缸做功行程产生的动力,经过飞轮向外输出。

（2）曲轴总成由主轴颈、连杆轴颈（或称曲柄销）、曲柄臂、平衡重（或称曲轴配重）、主轴承盖、主轴承片及推力片等组成,如图2-13所示。

a) 曲轴各部名称　　　　b) 主轴承盖、主轴承片及推力片

图2-13 曲轴总成各部名称

二、曲轴的构造

（1）主轴颈及连杆轴颈部分,在车光后经表面硬化处理,再磨光后以作为摩擦面。

（2）曲轴在各接角部分均制成圆弧形，以免因应力集中而断裂，如图2-14所示。

（3）曲轴各轴颈及轴销之间均钻有油道，使各轴承能得到充分的润滑，并可减轻曲轴质量。

（4）曲轴以极高速运转，如果有局部质量不平均，将产生严重振动，而使曲轴疲劳折断，因此，在连杆轴颈的对面，加上配重以保持平衡。以螺栓固定可以拆卸，如图2-15所示，也有直接铸成一体的。

（5）二冲程汽油发动机所使用的曲轴为可分解式，利用特种工具，可将曲轴从中间球轴承处分解，如图2-16所示。

图2-14 曲轴各接角部分的圆弧加工

图2-15 曲轴的平衡配重　　　　图2-16 可分解式曲轴

三、曲轴的形状及点火顺序

❶ 四缸发动机（点火间隔为720°/4=180°）

直列式四缸发动机：1、4缸与2、3缸的曲柄臂相隔180°，点火顺序为1-3-4-2或1-2-4-3，如图2-17所示，现代汽油发动机多采用此形式。

图2-17 直列式四缸发动机的曲轴形状

❷ 六缸发动机（点火间隔为720°/6=120°）

直列六缸发动机：1、6缸的曲柄臂在同一平面，2、5缸的曲柄臂在同一平面，3、4缸的曲柄臂在同一平面，1、6缸与2、5缸及3、4缸的曲柄臂相隔120°。

国产汽车六缸发动机常用的点火顺序为1-5-3-6-2-4，如图2-18a)所示。

日本汽车常用的点火顺序为1-4-2-6-3-5，如图2-18b)所示。

图2-18 直列六缸发动机的曲轴形状

四、曲轴轴承

（1）连杆轴颈处是以连杆大头轴承作为支承，在主轴颈处则是以曲轴轴承（俗称主轴承）作为支承。曲轴主轴承处至少须有一道推力片，以承受曲轴的轴向推力。推力片安装的位置不固定，有的在中央主轴颈处，有的在前、后主轴颈处。

（2）推力片的类型有两种，一种为整体式，即推力片与曲轴主轴承片合装在一起，如图2-19所示；另一种为分离式，使用四片半圆形状的推力片，分开放在主轴承片的两侧，推力片上有凸键或销来固定，摩擦面上有油槽，以储油润滑，如图2-20所示。

图2-19 整体式推力片

图2-20 分离式推力片

2.4.2 曲轴皮带轮与飞轮

一、概述

（1）曲轴的前端装皮带轮或减振器，后端接飞轮。

（2）曲轴皮带轮的功用：利用皮带带动发电机、水泵、空调压缩机及转向助力泵等；其上有记号，以对正上止点及点火正时。

（3）飞轮的功用：在做功行程时，吸收动能向外输出，并储存部分动能，供给进气、压缩、排气等各行程使用，使发动机能运转并使动力能平稳输出。飞轮的外缘上镶有齿圈，起动发动机时与起动机的小齿轮啮合，使发动机起动运转。

二、皮带轮与减振器

一般发动机都装有简单的皮带轮，带动其他部件运转，如图2-21所示。而在要求平稳性较好的直列式四缸发动机或六缸以上的长曲轴发动机上，则装用曲轴扭转减振器，除具有皮带轮的功能外，还可吸收曲轴的扭转振动。图2-22所示为橡胶式减振器，装在皮带轮外围的惯性环，其惯性质量较大，相对减少中央部分的惯性质量，配合橡胶的作用，可减少扭转振动。

图2-21　曲轴皮带轮　　　　　　　图2-22　橡胶式减振器

三、飞轮

❶ 手动变速器用飞轮

以铸铁制成，使用螺栓固定在曲轴凸缘上，如图2-23所示。它是汽车行驶系统中摩擦离合器的主动盘，部分飞轮上有上止点及点火正时记号。

图2-23　手动变速器用飞轮

❷ 自动变速器用飞轮

飞轮是与跟曲轴连接的泵轮焊在一起，涡轮与导轮等包在内部，形成一个变矩器，如图2-24所示。

图2-24 自动变速器用飞轮

理论测试

一 填空题

1. 按冷却介质的不同，冷却方式分为 _____ 与 _____ 两种。
2. 根据是否与冷却液相接触，汽缸套分为 _____ 和 _____ 两种。
3. 常用汽油机燃烧室形状有 _____ 、 _____ 和 _____ 三种。
4. 活塞环分为 _____ 和 _____ 两种。

二 选择题

1. 对汽缸套的叙述错误的是（   ）。
   A. 汽缸套必须是正圆筒形
   B. 干式汽缸套常用于柴油发动机
   C. 干式汽缸套不与冷却液直接接触
   D. 湿式汽缸套不必镗缸

2. 在活塞销毂处镶入特种合金钢片的是（　　）活塞。
   A. 恒范钢片　　　　　　　　B. 拖鞋式
   C. 偏位　　　　　　　　　　D. 裂裙式
3. 用来增加活塞环张力的环，称为（　　）。
   A. 油环　　　　　　　　　　B. 气环
   C. 衬环　　　　　　　　　　D. 弹性衬环
4. 对连杆的叙述错误的是（　　）。
   A. 连杆的断面为 I 字形
   B. 一般汽车用发动机的连杆大头是可分解的
   C. 连杆大头轴承盖在安装时有一定的方向
   D. 二冲程汽油发动机的连杆大头为分离式
5. 轴承片的挤压高度（　　）。
   A. 使导热性良好　　　　　　B. 可减少质量
   C. 使轴承片不易断裂　　　　D. 能提高抗压性
6. 直列四缸发动机常用的点火顺序为（　　）。
   A. 1－3－2－4　　　　　　　B. 1－4－2－3
   C. 1－3－4－2　　　　　　　D. 1－2－3－4
7. 五缸发动机每隔（　　）产生一次动力。
   A. 120°　　　　　　　　　　B. 144°
   C. 160°　　　　　　　　　　D. 180°
8. 曲轴主轴承处推力片的功用是（　　）。
   A. 承受曲轴的轴向推力　　　B. 减少主轴承间隙
   C. 降低曲轴的旋转压力　　　D. 提高曲轴转速
9. 某部四冲程六缸发动机，排气门在 BDC 前 42°打开，则各缸间的动力重叠角度为（　　）。
   A. 12°　　　　　　　　　　　B. 15°
   C. 18°　　　　　　　　　　　D. 22°

三 判断题

1. 现代汽油发动机的汽缸盖均以铝合金制成。　　　　　　　　　　　　（　　）
2. 汽缸盖与汽缸体之间是用汽缸垫来保持密封。　　　　　　　　　　（　　）
3. EX 表示进气门，IN 表示排气门。　　　　　　　　　　　　　　　（　　）
4. 椭圆活塞是指活塞冷时其裙部为椭圆形。　　　　　　　　　　　　（　　）
5. 活塞销以扣环扣住防止滑出的固定方式，称为半浮式。　　　　　　（　　）
6. 以气密为主要目的的活塞环，称为气环。　　　　　　　　　　　　（　　）
7. 现代汽油发动机使用整体式油环较多。　　　　　　　　　　　　　（　　）

8. 曲轴上的配重是为保持运转平衡。( )
9. 现代直列四缸发动机均采用三道轴颈。( )
10. 现代直列六缸发动机均采用四道轴颈。( )
11. V形六缸发动机的夹角有60°与90°两种。( )
12. 减振器除具有皮带轮的功能外,还可减少凸轮轴的扭转振动。( )

四 简答题

1. 湿式汽缸套有何特点?

2. 试述椭圆活塞的优点。

3. 何谓拖鞋式活塞?有何功用?

4. 何谓偏位活塞?有何功用?

5. 活塞环有哪些功用?

6. 试述连杆的功用。

7. 试述曲轴的功用。

8. 试述曲轴皮带轮的功用。

9. 试述飞轮的功用。

10. 燃烧室的定义是什么?

单元3

配气机构

● 知识目标:

　　1. 了解配气机构中各部件的定义和种类;

　　2. 掌握配气机构中各部件的功用、配气正时的定义及配气正时图;

　　3. 了解可变配气正时的原理及可变配气正时机构。

● 能力目标:

　　1. 掌握配气机构各部件的组成及相对位置;

　　2. 掌握配气机构各部件的构造及结构特点。

● 建议学时:

　　10学时。

3.1 概述

配气机构的功用是按照发动机每一个汽缸所进行的工作循环和发火次序的要求,定时开启和关闭进、排气门,使新鲜可燃混合气或空气得以及时进入汽缸,废气得以及时从汽缸排出。

3.2 气门组

3.2.1 气门

(1)现代发动机所使用气门的结构及各部名称,如图3-1所示,分气门杆及气门头两大部分。

(2)通常进气门的头部外径比排气门大,以利进气。进、排气门头部有时会分别打上 IN、EX。

3.2.2 气门座

❶ 概述

气门座与气门配合用以密封。

图3-1 气门的结构

❷ 气门座宽度

气门座应保持一定的宽度,使其与气门保持良好的气密效果。一般进气门座宽度较小,约为1mm;排气门因温度较高,故排气门座宽度较大,约为1.5mm,以利散热。

❸ 气门座角度

进、排气门座通常均为45°左右。

3.2.3 气门导管

(1)气门导管的作用是保持气门正确的直线运动。一般为铸铁制成,压入汽缸盖中,如图3-2所示。

图3-2 气门导管的安装位置

（2）气门杆与气门导管间必须保持适当的间隙,普通排气门的间隙要比进气门大,以免气门卡死在导管中。

（3）气门杆与气门导管的间隙若太大时,发动机机油会由此间隙进入燃烧室中,因此,发动机的气门导管上方通常装有油封,只允许少量机油进入润滑。

3.2.4 气门弹簧、气门锁夹与气门油封

❶ 气门弹簧

气门弹簧的作用:使气门能紧密的关闭。一般使用1~2条螺旋弹簧。

❷ 气门锁夹

气门锁夹用来固定气门弹簧座与气门杆,如图3-3所示。

❸ 气门油封

气门油封套在气门杆上或气门导管上方,如图3-4所示,只允许少量机油进入气门导管润滑。

图3-3 锥体式气门锁夹　　图3-4 气门油封的安装位置

若进气门油封磨损,大量机油会被吸入燃烧室,即所谓"下机油"现象,造成积炭及冒白烟;若是排气门油封磨损,则下行的机油会经排气歧管,从排气管流出。

3.3 气门传动组

3.3.1 概述

气门传动组包括凸轮轴与正时机构。主要由凸轮轴、皮带、皮带轮或链条、链轮、轴承、张紧轮等组成。

3.3.2 凸轮轴

（1）凸轮轴由曲轴通过正时链条或正时皮带带动,四冲程发动机的凸轮轴转速为曲轴的一半。主要用来控制进、排气门的开闭。

（2）凸轮轴各凸轮的结构如图3-5所示,凸轮的行程又称气门的升程,即气门打开的距离。

a) 凸轮各部位的名称　　b) 凸轮的各种尺寸

图3-5　凸轮的结构

3.3.3　正时机构

（1）保证活塞的位置与进、排气门开闭的时间精确配合。正时机构分为正时链条和正时皮带两种。

（2）正时链条。

正时链条的类型有滚柱链条式及静音链条式两种，如图3-6所示。

a) 滚柱链条式　　b) 静音链条式

图3-6　正时链条的类型

现代发动机所使用的滚柱链条振动及噪声减小、耐久性好、可靠性高、免维护，所以被广泛采用。

（3）正时皮带。

正时皮带的优点为质量轻、价格便宜、噪声小和不需要润滑等，但必须定期检查，约10万km必须换新皮带且不能沾染油、水、污垢等。

3.3.4　气门挺柱、气门推杆与气门摇臂

❶　气门挺柱

气门挺柱为气门顶置式发动机配气机构的零件之一，装在发动机体内，将凸轮轴的旋转运动变成直线运动，以驱动气门推杆，如图3-7a)所示。

❷ 气门推杆

气门推杆是气门顶置式发动机配气机构的零件之一，由气门挺柱驱动来带动气门摇臂的运动，如图3-7a)所示。

❸ 气门摇臂

气门摇臂可改变运动方向，并具备杠杆作用，使气门的开启量比凸轮的行程大；另外气门摇臂上有调整螺钉，可调整气门间隙，如图3-7b)所示。

❹ 气门间隙

因气门、气门摇臂等零件受热后会膨胀，因此必须留有适当的气门间隙，以防止气门无法闭合，并保持正确的气门正时。

a) OHV型　　b) 气门摇臂式OHC型　　c) 直接驱动式

图3-7　各种气门驱动方式

气门间隙的调整方法。

螺钉调整式：转动气门摇臂上的调整螺钉以调整气门间隙，如图3-7b)所示。

垫片调整式：更换挺柱上方或内部的垫片以调整气门间隙，如图3-7c)所示。

3.4　配气正时及可变配气正时机构

3.4.1　配气正时

配气正时：按照活塞的工作行程去配置进、排气门的实际开闭时间。

配气相位：进、排气门的实际开闭时刻。

由于发动机的曲轴转速都很高，活塞每一个行程都很短，使发动机充气不足或排气不净，因此，现代发动机都采用延长进、排气时间的方法，即气门的开启和关闭时刻分别提前和延迟一定的曲轴转角，以改善进、排气状况，从而提高发动机的动力性。

不同发动机，由于结构形式、转速各不相同，因此，配气相位也不相同。

3.4.2 可变配气正时机构

发动机转速不同,要求不同的配气正时。这是因为当发动机转速改变时,由于进气流速和废气流速也随之改变,因此,在气门晚关期间利用气流惯性增加进气和促进排气的效果将会不同。为了使发动机的有效功率、转矩尽可能增大,为此,有些汽车近年来采用一种可变配气相位与气门升程电子控制机构来控制进气时间与进气量,从而使发动机在不同的工况下能产生不同的输出功率。

❶ 结构

装有气门升程电子控制机构(图3-8)的发动机每个汽缸均有两个进气门和排气门。只是,它的两个进气门有主次之分,即主进气门和次进气门;每个进气门均由单独的凸轮通过摇臂来驱动。驱动主、次进气门的凸轮分别称为主、次凸轮;与主、次进气门接触的摇臂分别称为主、次摇臂。主、次摇臂之间设有一个特殊的中间摇臂,它不与任何气门直接接触。三个摇臂并列在一起,均可在摇臂轴上转动。在主摇臂、次摇臂和中间摇臂相对应的凸轮轴上有三个不同升程的凸轮,分别称为主凸轮、次凸轮和中间凸轮。其中,中间凸轮的升程最大,次凸轮的升

图3-8 VTEC结构

程最小,主凸轮升程介于中间凸轮与次凸轮之间。中间凸轮的升程是按发动机双进双排气门工作最佳输出功率的要求而设计的,主凸轮升程是按发动机低速工作时单气门开闭要求设计的,次凸轮升程的最高处只稍微高于基圆,作用是在发动机怠速运行时,通过次摇臂稍微打开次气门,以避免燃油集聚在次进气门口。中间摇臂的一端和中间凸轮接触,另一端在低速时可自由活动;三个摇臂在靠近气门一端均有一个油缸孔。油缸孔中都安置有靠油压控制的活塞,它们依次为正时活塞、主同步活塞、中间同步活塞和次同步活塞。

❷ 工作原理

当气门升程电子控制机构不工作时,正时活塞和主同步活塞位于主摇臂油缸内,和中间摇臂等宽的中间同步活塞位于中间摇臂油缸内,次同步活塞和弹簧一起则位于次摇臂油缸内。正时活塞的一端和液压油道相通,液压油来自工作油泵,油道的开启由ECM通过气门升程电子控制机构的电磁阀控制。

当发动机低速运转时(图3-9),由于ECM不发出指令,油道内没有油压,活塞位于各自的油缸内,所以各个摇臂均独自运动。于是主摇臂控制主凸轮开闭主进气门,以供给低速运转时发动机所需的混合气。次凸轮则使次摇臂微微起伏,微微开闭次进气门,中间摇臂虽然也随着中间凸轮大幅度运动,但是它对于任何气门不起作用。此时发动机处

于单进双排工作状态,吸入的混合气不到高速时的一半,由于此时仍然是所有汽缸参与工作,所以发动机运转十分平稳。

图3-9 低速时 VTEC 机构

当发动机高速运转时(图3-10),ECM 就会向气门升程电子控制机构的电磁阀发出指令开启工作油道,于是工作油道中的压力油就推动活塞移动,压缩弹簧,这样主摇臂、中间摇臂和次摇臂就被主同步活塞、中间同步活塞和次同步活塞串联为一体,成为一个同步活动的组合摇臂。由于中间凸轮的升程大于另两个凸轮,而且凸轮角度提前,故组合摇臂按中间摇臂一起受中间凸轮驱动,主、次气门都大幅度地同步开闭,因此,配气相位变化了,吸入的混合气量也增多了,满足了发动机全功率时的进气要求。

图3-10 高速时 VTEC 机构

理论测试

一 填空题

1. 配气机构的功用是 _____。
2. 进、排气门同时开启的现象称为 _____。
3. 气门导管的功用是给气门的运动 _____。
4. 四冲程发动机的曲轴与凸轮轴的转速传动比为 _____，即发动机每完成一个工作循环，曲轴旋转 _____ 周，凸轮轴旋转 _____ 周，各缸进、排气门各开启 _____ 次。

二 选择题

1. (　　)不是采用正时皮带的优点。
   A. 噪声小　　　　　　　　B. 不需润滑
   C. 价格便宜　　　　　　　D. 免维护
2. 对气门的叙述正确的是(　　)。
   A. 气门锥面的角度通常为30°　　B. 气门尾端有槽沟装气门锁夹
   C. 中空气门杆可使外径缩小　　　D. 气门杆与气门导管接触可帮助密封
3. 气门锥面磨成44°时，则气门座应磨成(　　)。
   A. 42°　　　　　　　　　B. 43°
   C. 45°　　　　　　　　　D. 48°
4. 下列叙述错误的是(　　)。
   A. 气门弹簧疏端向下装　　　　B. 气门油封允许少量机油进入导管
   C. 气门挺柱在气门推杆的下方　D. 气门锁夹用以固定气门杆与弹簧座
5. 直接驱动式配气机构，无(　　)。
   A. 气门摇臂　　　　　　　B. 凸轮轴
   C. 气门挺柱　　　　　　　D. 气门弹簧

三 判断题

1. 现代汽油发动机，以正时皮带或正时链条带动凸轮轴旋转。　　(　　)
2. 采用正时皮带的缺点是必须定期检查及更换。　　　　　　　　(　　)
3. 排气门头部外径比进气门大。　　　　　　　　　　　　　　　(　　)
4. 排气门座宽度比进气门座小，以利散热。　　　　　　　　　　(　　)
5. 排气门杆与导管的间隙应比进气门杆与导管的间隙小。　　　　(　　)
6. 气门摇臂上的调整螺钉，可调整气门间隙。　　　　　　　　　(　　)

四 简答题

1. 试述凸轮轴的功用。

2. 采用正时链条的优点是什么?

3. 简述配气机构的功用。

单元 4

进、排气系统及增压机构

- 知识目标：
  1. 了解进、排气系统中各部件的定义和种类；
  2. 掌握进、排气系统中各部件的功用；
  3. 了解增压机构的增压原理。

- 能力目标：
  1. 掌握进、排气系统各部件的组成及相对位置；
  2. 掌握进、排气系统及增压机构各部件的构造及结构特点。

- 建议学时：
  6 学时。

4.1 进气系统

4.1.1 概述

（1）进气系统是由进气管、空气滤清器、节气门体、进气总管、进气歧管等组成，如图4-1所示。

（2）节气门体旁均装有空气阀或怠速空气控制阀。

图4-1 多点汽油喷射系统的进气系统

4.1.2 节气门体

（1）现在车辆的节气门体都是电子控制的节气门，安装在空气流量传感器与进气总管间的进气管上。

（2）电子节气门，如图4-2所示，为本田汽车发动机所采用，上面装有节气门角度传感器、怠速调整螺栓、冷却液通道及不可调整的节气门止动螺栓等。

图4-2 节气门体的基本结构

4.1.3 进气总管

由于空气是间歇吸入汽缸,这种进气脉冲会使采用翼板式空气流量传感器的翼板产生振动,导致空气计量不准确,因此,进气总管必须有相当的空间,以缓和空气的脉冲。

4.1.4 进气歧管

直列式发动机,进气歧管与排气歧管一般是分置于汽缸盖的两侧,如图4-3a)所示;而V形发动机,进气歧管一般是装在两排汽缸的中间,排气歧管则分别装在汽缸盖的外侧,如图4-3b)所示。

a) 直列式发动机的进、排气歧管　　　　b) V形发动机的进、排气歧管

图4-3　进、排气歧管的安装位置

（1）进气歧管的功用,将混合气或空气均等分送到各个汽缸,长型进气歧管具有进气脉冲效果,可提高汽缸的容积效率。

（2）进气歧管多以质量轻、导热性好的铝合金制成。每缸各有一支进气歧管,进气歧管有很大的弯曲弧度,上方设有进气总管。

4.1.5 空气滤清器

❶ 功用

空气滤清器将吸入空气中的灰尘、杂质滤除,以防止损坏活塞、汽缸,并避免脏污空气混入机油后,造成各润滑部位的磨损。通常现代汽车的空气滤清器安装有调音文氏管或共鸣箱以降低进气噪声。

❷ 构造

空气滤清器装在空气流量传感器与进气导管之间,由外壳、上盖、空气滤芯三部分组成,空气滤清器的构造如图4-4所示。

图4-4 空气滤清器的构造

安装调音文氏管或共鸣箱,利用共振原理,以降低因进气门开、闭所造成的进气噪声,并可提高进气效率,如图4-5所示。

图4-5 减少进气噪声及提高进气效率的装置

3 种类

1）干纸式空气滤芯

干纸式空气滤芯的结构如图4-6所示。干纸式空气滤芯经压缩空气吹净后,可重复使用。

2）合成纤维布式空气滤芯

合成纤维布式滤芯:汽车定期维护时直接更换新件,不可吹净后再使用。

4.1.6 怠速控制阀的结构及作用

1 概述

现代汽油发动机均装设一个怠速控制阀,以调节怠速转速的大小,使发动机能在怠速稳定运转。怠速控制阀根据是否受ECM控制分为空气阀

图4-6 干纸式空气滤芯的结构

和怠速空气控制阀。

❷ 空气阀功用、结构及工作原理

空气阀的功用：作为快怠速调节，可使冷发动机以快怠速运转，来维持发动机稳定运转及迅速加温发动机。

空气阀的安装位置：空气阀安装在连通节气门前后方的空气旁通道上，如图4-7所示。

图4-7 空气阀的安装位置

空气阀的结构及工作原理：蜡球式空气阀由感温蜡球、弹簧及提升阀等组成，如图4-8所示，蜡球式空气阀把发动机冷却液引入感温蜡球处，依靠冷却液温度来控制旁通道的面积，从而改变进气量的多少。

图4-8 蜡球式空气阀的结构及工作原理

发动机冷却液温度低时，感温蜡球收缩，弹簧B将提升阀向左推，旁通空气通道面积最大，发动机以快怠速运转；随着冷却液温度上升，蜡球膨胀，加上弹簧A的力，使提升阀向右逐渐关闭，快怠速转速停止作用。其旁通空气的流量特性如图4-9所示，冷却液温度超过80℃时，空气阀完全关闭。

❸ 怠速空气控制阀

怠速空气控制阀的功用：由 ECM 控制怠速控制阀通电时间的长短或通电的方向，改变旁通空气量，以进行发动机在各种运转状况时的怠速转速修正。

线性移动式怠速空气控制阀：是指开闭旁通道的阀门为线性移动。它与控制快怠速的空气阀配合使用。怠速控制阀属于电子控制系统中的执行器，由 ECM 控制其作用。

线性移动式怠速空气控制阀的结构及安装位置如图4-10及图4-11所示，也称为电子空气控制阀。

图4-9　蜡球式空气阀旁通空气的流量特性　　　图4-10　线性移动式空气控制阀的结构

图4-11　线性移动式 ISC 阀（EACV）的安装位置

电子空气控制阀是由电磁线圈、阀轴、阀门、阀座及弹簧所组成。由 ECM 控制工作时间比率的大小，使电磁线圈产生吸力，阀门打开一定的程度，让旁通空气通过，以控制怠速转速。电磁线圈通电时间越长，阀门的开度就越大，怠速转速就越高。

与电子空气控制阀配合使用的快怠速阀也就是空气阀，其结构及作用与感温蜡球式空气阀完全相同。图4-12所示为快怠速阀的结构，冷却液温度低时，蜡球收缩，提升阀开度大,以维持快怠速运转;冷却液温度上升后,蜡球膨胀,提升阀慢慢关闭,快怠速作用停止。

图 4-12 快怠速阀的结构

因此,发动机冷态时的快怠速是由快怠速阀控制;而发动机达到工作温度后的怠速,是由电子空气控制阀控制。

4.1.7 可变进气系统

可变进气系统的进气管可变长变短,由 ECU 控制。在发动机低速时,自然吸气量太少,进气管道是变长变细的,利用空气的惯性增加进气量,提高低速扭力;到发动机高速时,发动机需要大量的空气,这时候进气管就变短变粗,让新鲜空气源源不断的进入(图 4-13)。这样发动机在各个转速内都达到最佳转矩。

图 4-13 可变进气管长度

4.2 排气系统

4.2.1 概述

排气装置是由引导废气排出的排气歧管、净化排气的催化转换器、排气管及降低排气噪声的排气消声器等组成,如图 4-14 所示。

图4-14 排气装置的组成

4.2.2 排气歧管

（1）各缸废气从排气歧管排出，如图4-15所示。

图4-15 排气歧管

（2）一般采用铸铁制成，但也有采用不锈钢管制成的。

4.2.3 排气管

从排气歧管以后，均为排气管，如图4-16所示，共有三段排气管，中间再分别接上催化转换器及排气消声器。

图4-16 排气管的结构

4.2.4 排气消声器

（1）为了降低排气的高压、高温及噪声，通常会采用2~3个排气消声器。

（2）排气消声器的结构如图4-17所示，内部各隔室以多孔的圆管连接，使排气在各室膨胀，以降低压力及温度。另外可在排气消声器内装设吸音材料，以降低噪声。

4.2.5 催化转换器

（1）现代汽车为符合废气排放标准，通常装有催化转换器，以帮助净化排气中的污染气体，如一氧化碳、碳氢化合物及氮氧化合物。

（2）图4-18所示为催化转换器的结构。依其功能可分为使CO、HC继续氧化为二氧化碳及水蒸气的氧化型催化转化器，使NO_x还原为氮气的还原型催化转换器，及使CO、HC氧化与NO_x还原的三元催化转换器，现代汽油发动机多采用三元催化转换器。

图4-17　消声器的结构　　　　　　　　图4-18　催化转换器的结构

4.3 增压机构

所谓增压就是将空气预先压缩后再供入汽缸，以提高空气密度，增加进气量。

增压有涡轮增压、机械增压和气波增压等三种类型。实现增压的增压器可分为涡轮增压器、机械增压器和气波增压器。

1 机械增压器

机械增压器由发动机曲轴经齿轮传动带动三叶转子转动，进而增加进气量如图4-19所示。机械增压器能有效地提高发动机功率。

图4-19　机械增压示意

机械增压器低速增压效果较好,与发动机容易匹配,结构也比较紧凑。但增压器消耗发动机功率,燃油消耗率高。

❷ 涡轮增压器

涡轮增压器由涡轮机和压缩器构成,如图4-20所示。发动机排出的废气推动涡轮转动,并带动与之同轴的叶轮转动,叶轮转动使更多的新鲜空气进入汽缸。

优点:

(1)涡轮增压发动机的经济性比机械增压及非机械增压好。

(2)大幅度降低有害气体的排放和噪声。

缺点:

涡轮增压发动机低速时转矩增加不大。

图4-20 涡轮增压示意

❸ 汽波增压器

气波增压器中有一个特殊形状的转子,由发动机曲轴带轮经传动带驱动,如图4-21所示。在转子中发动机排出的废气直接与空气接触,利用空气压力波使空气受到压缩,以提高进气压力。

图4-21 气波增压示意

气波增压器结构简单,只能在低速范围内使用,因此,多用于柴油机上。

理论测试

一、填空题

1. 排气消声器的作用就是降低排气_____,并消除废气中的_____及_____。
2. 空气滤清器的作用是滤除_____、_____,以防止损坏活塞、汽缸,并避免脏污空气混入机油后,造成各润滑部位的磨损。
3. 进气系统由_____、_____、_____、_____、_____等组成。
4. 催化转换器,以帮助净化排气中的污染气体,如_____、_____及_____。

二、选择题

1. 长型进气歧管(　　)。
   A. 使进气分配平均　　　　B. 可提高容积效率
   C. 质量较轻　　　　　　　D. 占据空间较小
2. 下面不是三种基本增压机构类型的是(　　)。
   A. 气波增压　　　　　　　B. 机械增压
   C. 混合增压　　　　　　　D. 涡轮增压
3. 三元催化转换器可净化(　　)。
   A. CO、HC　　　　　　　　B. HC、NO_x
   C. CO、HC、NO_x　　　　D. CO、NO_x、CO_2
4. 下面不是进气系统组成的是(　　)。
   A. 进气管　　　　　　　　B. 空气滤清器
   C. 消声器　　　　　　　　D. 进气总管

三、判断题

1. 合成纤维布式空气滤芯,使用后必须直接换新。　　　　　　　　　　(　　)
2. 消声器是用来降低排气压力、温度及噪声。　　　　　　　　　　　　(　　)
3. 流经空气阀的空气不经过空气流量传感器计量。　　　　　　　　　　(　　)
4. 节气门体上如果设有怠速调整螺栓,则转入螺栓,怠速转速会升高。　(　　)
5. 所有的ISC(IAC)阀都是控制快怠速到发动机热车以后的怠速。　　　(　　)
6. 干纸式空气滤芯可以用压缩空气吹净后再使用。　　　　　　　　　　(　　)
7. 节气门体脏污时,是用汽油清洗。　　　　　　　　　　　　　　　　(　　)
8. 汽油喷射式发动机的节气门体上,通常都装有节气门位置传感器。　　(　　)

9. 冷发动机运转时,将空气阀的空气入口封闭,则快怠速转速下降为正常。（　　）

四 简答题

1. 试述空气滤清器的功用。

2. 简述进气系统的组成。

3. 试述空气阀的功用。

单元5

汽油机燃料供给系统

● 知识目标：

    1. 了解汽油喷射系统的分类和优点；

    2. 了解汽油机燃料供给系统中各部件的定义和种类；

    3. 掌握汽油机燃料供给系统中各部件的组成及功用。

● 能力目标：

    1. 掌握汽油机燃料供给系统各部件的相对位置；

    2. 掌握汽油机燃料供给系统各部件的构造及结构特点。

● 建议学时：

    14学时。

5.1 概述

汽油喷射系统可按如下方法进行分类。

❶ 按照空气量的检测方法分

1）质量 – 流量式

利用空气流量传感器直接计测吸入的空气量，如图5-1a) 所示。

空气流量传感器有翼片式、热线式、热膜式及卡门涡流式等几种。

2）速度 – 密度式

以发动机转速与进气歧管压力来计算每一循环所吸入的空气量，如图5-1b) 所示。

速度 – 密度方式即歧管绝对压力式，博世公司称为 D-Jetronic，本田汽车的 PGM-FI 与丰田汽车的 D 型 EFI 都属此类型。

3）节气门 – 速度式

以节气门开度与发动机转速，来计测每一循环所吸入的空气量，如图5-1c) 所示。

a) 质量 – 流量方式

b) 速度 – 密度方式   c) 节气门 – 速度方式

图5-1　各种空气量的检测方法

❷ 按照控制方式分

1）机械控制式

空气流量传感器中的翼片，因空气通过量不同，而产生位置的变化，以改变送至各缸的喷油量，如图5-2所示。以博世公司的 K-Jetronic 系统最具代表性。

图 5-2 机械控制式汽油喷射系统

2）机械电子控制式

博世公司的 KE-Jetronic 系统属于此式。KE 系统是在 K 系统基础上加以改良，增加了电子控制单元（ECU），ECU 可根据冷却液温度传感器、节气门位置传感器等信号，以控制电磁油压执行器的作用，来对不同工作状况下的空燃比进行修正，而达到减少排气污染的要求。

3）电子控制式

电子控制汽油喷射系统如图 5-3 所示。ECU 按照进气量、转速、负荷、温度、排气中氧的浓度等信号的变化，根据存储器中储存的数据，以确定所需的喷油量，然后控制喷油器的开启时间以控制喷油量。

图 5-3 电子控制式汽油喷射系统

❸ 按照汽油的喷射位置分

1）缸内喷射式

图 5-4 所示为 Toyota 缸内汽油直接喷射 D-4 发动机系统，各缸的高压涡流喷油器装在汽缸盖上，将汽油直接喷入汽缸内。

图 5-4　缸内汽油直接喷射 D-4 发动机系统

2）缸外喷射式

进气总管喷射式：喷油器装在进气总管上，即单点喷射系统，如图 5-5 所示。

图 5-5　单点喷射式系统

各缸进气口喷射式：喷油器装在各缸进气歧管靠近进气门的进气口上，即多点喷射系统，如图5-6所示。

图5-6　多点喷射式系统

❹ 依喷油器的数目分

1）单点喷射式

单点喷射系统是在进气总管节气门的上方安装一个中央喷射装置，使用一个或两个喷油器向进气总管喷射形成混合气，在进气行程时再吸入各汽缸内，如图5-7所示。

2）多点喷射式

多点喷射系统是在每个汽缸进气门附近的进气歧管上安装一个喷油器，喷出汽油与空气混合，在进气行程时再吸入汽缸内，如图5-8所示。

图5-7　单点喷射系统　　　　图5-8　多点喷射系统

❺ 依汽油的喷射方式分

1）连续喷射式

在发动机运转期间连续向进气歧管进行喷油。

2）间歇喷射式

以脉冲方式在某一段时间内进行，因此有一定的喷油持续期间。

进气歧管多点汽油喷射系统，是由汽油供给系统、空气供给系统及电子控制系统三部分所组成，如图5-9所示。

图5-9 进气歧管多点汽油喷射系统的组成

5.2 汽油供给系统

5.2.1 概述

（1）汽油供给系统由油箱、电动汽油泵、汽油滤清器、燃油共轨、压力调节器与喷油器等组成，如图5-10所示。

图5-10 汽油供给系统的组成

（2）汽油的流动路线如图5-11所示。

有些发动机的压力调节器是装在油箱内的电动汽油泵总成上，所以无回油管。

图5-11 汽油的流动路线

5.2.2 油箱

（1）油箱是储存汽油的装置，由加油口盖、加油管、油面指示传感器、箱内式滤网及油箱本体所组成，如图5-12所示。汽油喷射式发动机油箱内还装有电动式汽油泵。

图5-12 汽油箱的结构

（2）油箱一般用钢板制成的，为减轻质量，部分采用合成树脂制成。

（3）油箱设有如图5-13所示的加油口盖，盖内有压力释放阀与真空释放阀，当油箱内压力达到一定值时，压力释放阀打开泄压；当油箱内形成真空时，真空释放阀打开，让空气进入油箱。

5.2.3 汽油泵

❶ 汽油泵的功用

吸出汽油后压送汽油至汽油喷射装置。

❷ 电动式汽油泵

电动式汽油泵用于汽油喷射式发动机，如

图5-13 加油口盖的结构

图5-14所示,常装在油箱内。少部分的电动式汽油泵是装在油箱外。

1) 箱内式电动汽油泵的结构及工作原理

电动汽油泵由油泵、电动机及释放阀、止回阀等组成,如图5-15所示。

图5-14 箱内式电动汽油泵

图5-15 箱内式电动汽油泵的结构

电动机旋转时,带动叶轮一起转动,将汽油从进油口吸入,经止回阀压出。

油压过高时,释放阀打开泄压,以保护燃油分配管;汽油泵停止转动时,止回阀关闭,以保持油路一定的残压。

2) 电动汽油泵的控制:开关控制式和ECM控制式。

(1) 开关控制式。

用于L-Jetronic系统或翼板式空气流量传感器式系统,利用空气流量传感器内汽油泵开关的打开或闭合,来控制电动汽油泵是否工作。发动机熄火时,汽油泵开关打开;发动机运转时,汽油泵开关闭合。

汽油泵开关控制式的电路,由主继电器、电路开启继电器、汽油泵开关及电动汽油泵等组成,如图5-16所示。

图5-16 汽油泵开关控制式电动汽油泵电路

起动起动机时，主继电器触点闭合，电路开启继电器的线圈通电，触点接合，汽油泵泵油；发动机起动后，空气流量传感器内翼板打开，使汽油泵开关闭合，线圈通电，故继电器内接点继续保持闭合，汽油泵持续作用。当发动机熄火或因故停止运转时，空气流量传感器内汽油泵开关打开，汽油泵停止泵油，以免发生危险。

（2）ECM 控制式。

卡门涡流式空气流量传感器、热线式空气流量传感器及速度密度式空气流量传感器等所采用的 ECM 控制式电动汽油泵电路，如图 5-17 所示。

图 5-17　ECM 控制式电动汽油泵电路

用 ECM 的三极管代替汽油泵开关，控制汽油泵的作用。当点火开关转到 ON 尚未起动时，ECM 会使线圈通电 2~5s，使汽油泵先泵油；起动起动机时，线圈通电，汽油泵作用；发动机运转时，分电器送出转速信号给 ECM，使线圈通电，汽油泵继续泵油；当发动机停止运转时，三极管断路，使汽油泵停止作用。

5.2.4　汽油滤清器

❶ 汽油滤清器的功用

过滤汽油中的杂质及水分。

❷ 汽油滤清器

用于汽油喷射式发动机的汽油滤清器，压力可达 0.25~0.35MPa，结构如图 5-18 所示。

5.2.5　压力调节器

❶ 概述

发动机所需的汽油喷射量，是由 ECM 控制喷油器的通电时间来实现的。若不控制汽油压力，即使喷油器的通电时间一定，在汽油压力高时，汽油喷射量会

图 5-18　高压式汽油滤清器

增加；而在汽油压力低时，汽油喷射量则减少，故喷射压力必须维持在一个常压。为了获得精确的喷油量，因此利用压力调节器，使油压与进气歧管真空相加的汽油压力保持在 250 kPa（2.55kg/cm²）、290 kPa（2.96kg/cm²）或 330 kPa（3.36kg/cm²），压力大小根据发动机弹簧弹力大小而定。

❷ 压力调节器的结构及作用

压力调节器通常是装在汽油共轨或输油管的一端，如图 5-19 所示。其外壳由金属制成，以膜片分隔成两室，弹簧室与进气歧管连接；汽油室一端接汽油共轨，另一端接油箱。

图 5-19 压力调节器的安装位置

燃油共轨内的汽油从入口进入压力调节器，向上挤压膜片，与此同时进气歧管真空接到弹簧室，歧管的真空也会吸引膜片向上运动，阀门在燃油压力和歧管真空吸力的共同作用下向上打开，燃油回油，所以调节以后的油压是两者压力之和。

压力调节器的功能就是用来维持汽油压力与进气歧管压力两者相加为固定的压力总和，例如250kPa，当压力总和超过250kPa时，压力调节器作用，多余的汽油流回油箱，使压力总和永远保持在250kPa，如图 5-20 所示。

图 5-20 压力调节器的结构

5.2.6 汽油脉冲缓冲器

（1）汽油在喷射时，油管内的压力会有轻微的脉冲，装在汽油共轨上的汽油脉冲缓冲器就是用来吸收此脉冲的，同时可以降低噪声。

（2）汽油脉冲缓冲器利用膜片及弹簧的缓冲效果来达到吸收脉冲的目的，如图5-21所示。

5.2.7 喷油器

图5-21 汽油脉冲缓冲器的作用

❶ 喷油器的功用

根据电脑的控制信号，使喷油器阀门打开喷油，喷油量的多少，由信号时间的长短来控制。所谓信号就是计算机控制喷油器电路搭铁时间的长短，称为脉冲宽度，电脑使喷油器电路搭铁时间越长，脉冲宽度越宽，喷油量就越多。

❷ 喷油器的安装方法及结构

汽油从喷油器顶端进入，垂直向下流动。喷油器下端伸入进气歧管，上端连接燃油共轨，用扣夹固定，上、下有O形环密封，如图5-22所示。

喷油器是由滤网、O形环、电磁线圈、电枢、阀体及针阀等组成，如图5-23所示。

喷油器也是电子控制系统中的执行器，由ECM控制其作用。

图5-22 喷油器的安装方法

图5-23 喷油器的结构

❸ 电压控制高电阻式喷油器的电路及作用

高电阻式喷油器，喷油器内部电阻为12~16 Ω，工作电压为12 V。

当ECM内的三极管根据信号而置于ON时，喷油器电路接通，蓄电池电压经主继电器，直接供应给喷油器，图5-24所示为电压控制高电阻式喷油器的电路。

图 5-24　电压控制高电阻式喷油器的电路

ECM 根据发动机不同的运转状况,控制不同的脉冲宽度信号给喷油器;脉冲宽度越宽,喷油时间就越长,喷油量越多,如图 5-25 所示。

图 5-25　ECM 送给喷油器不同的脉冲宽度信号

5.3 空气供给系统

空气从空气滤清器,流经空气流量传感器后,进入节气门体、进气总管及进气歧管,再送入汽缸,如图5-26所示。流经空气阀或怠速空气控制阀的空气也经过空气流量传感器,以提供发动机在起动、暖车、动力转向或空调时的怠速转速控制。

图5-26 进气系统的作用流程

5.3.1 空气流量传感器

❶ 概述

空气流量传感器用以计测发动机的进气量,将信号送给ECM,配合发动机转速,以决定基本喷射量。

空气流量传感器又称空气流量计,全称为质量空气流量传感器,简称MAF传感器,可直接计测发动机的吸入空气量。

空气流量传感器安装在空气滤清器与节气门体之间,如图5-27所示。

图5-27 MAF传感器的安装位置

空气流量传感器的种类:翼板式、热线式及热膜式、卡门涡流式(包含超光波式和光学式)。

❷ 翼板式空气流量传感器

翼板式空气流量传感器的结构如图5-28所示。缓冲室与补偿板,在进气量突然变化时,可防止翼板振动;旁通道上有怠速混合比调整螺栓,用来改变通过旁通道的空气量;汽油泵开关装在电位计内,当发动机运转翼板打开时,汽油泵开关闭合,当发动机熄火翼板关闭时,汽油泵开关打开。

a) 外观　　　　　　　　　　　　　b) 内部构造

图5-28　翼板式空气流量传感器的结构

发动机运转时,吸入的空气量克服螺旋弹簧的弹力,使翼板打开一定角度;发动机转速越快,翼板开度就越大。

翼板轴上有一随轴移动的可动接点,与电位计的可变电阻接触,当翼板开度不同时,电阻值大小也发生变化,使输出电压也产生变化,ECM根据电压的大小,即可计算出进气量。

翼板式空气流量传感器靠机械动作后才能输出信号,反应性较差,目前使用较少。

❸ **热线式空气流量传感器**

热线式空气流量传感器,由铂制的热线、温度补偿电阻、电子电路及防护网等组成。图5-29所示为将冷线及热线置于主进气道;图5-30所示为将冷线及热线置于旁通道。

图5-29　热线式空气流量传感器的结构一

电流流入来加热热线,因为热线是置于气流中,空气流过会带走热线的热量,而使热线冷却。此时,热线式空气流量传感器内的电子电路控制电流量,使热线温度保持一定;因此空气流量多时,带走的热量增加,送给热线的电流量必须加大,电流量的变化,即相当于吸入空气量的变化。将电流量的大小转换为电压的变化,送给ECM,即可算出进气量。

由于吸入空气的温度会变化,如图5-31所示,而使热线冷却的程度发生差异,因此,电路中必须有温度补偿电阻,来感测进气温度的高低,以修正所检测进气量的误差。

图5-30 热线式空气流量传感器的结构二   图5-31 吸入空气量与输出电压的关系

热线式空气流量传感器的优点为小型、质量轻及进气阻力小,采用很普遍;但热线会附着污物,因此,在发动机熄火数秒钟后,由ECM控制,使热线通电1~2s,来烧除污物。

④ 卡门涡流式空气流量传感器

卡门涡流式空气流量传感器的优点:空气通道结构简化,能降低进气阻力。传感器送出的是数字信号,ECM可直接处理。不同的空气流量下,均能提供精确的输出信号。无运动零件,耐久性好。

(1)卡门涡流式空气流量传感器的基本原理。

在均匀气流的中间放置一个称为涡流产生器的圆柱体或三角柱,当气流通过涡流产生器后,在其下游会产生旋转方向相反的涡流,称为卡门涡流,如图5-32所示。

图5-32 卡门涡流的基本原理

卡门涡流的频率与空气流速成正比,因此,检测卡门涡流产生的频率,即可知道空气的流量。

卡门涡流的检测方法有很多种,但最常见的是超声波式与光学式两种。

(2)超声波式卡门涡流检测法。

如图5-33所示,在涡流产生器下游设置超声波信号发射器与信号接收器,信号接收器接收的信号,经转换电路转换后送给ECM。

图 5-33　超声波式卡门涡流空气流量传感器的结构及作用

当发动机运转时,空气经过涡流产生器,产生顺、逆向涡流,超声波信号经过顺、逆向涡流时,会产生加、减速的作用,使到达信号接收器的时间有短、长的变化,正弦波式的波形经转换电路,成为频率型数字矩形脉冲,送给 ECM,来决定进气量。

（3）光学式卡门涡流检测法,如图 5-34、图 5-35 所示。

由卡门涡流所造成的压力变化,经压力导引孔传至反射镜,使镜片产生振动;而 LED 与光敏晶体管的角度是一定的,当反射镜因振动而发生角度的改变时,LED 射出的光线折向光敏晶体管的比例也发生改变,故光敏晶体管产生的电流也发生变化,电流的变化即受到卡门涡流的影响,因此,ECM 检测电流的变化,即可算出进气量。

图 5-34　光学式卡门涡流空气流量传感器的结构及作用　　图 5-35　反射镜角度的变化

5.3.2　节气门位置传感器

1　概述

节气门位置传感器的功用:用来检测节气门开度,将电压信号送给

ECM，以控制对应节气门开度的各种作用。

节气门位置传感器装在节气门体旁，由节气门轴带动，使传感器内的触点开、闭，或使可动点在电阻上移动。

❷ 电位计式节气门位置传感器

电位计式节气门位置传感器，又称线性节气门位置传感器，能连续提供节气门从关闭到全开的任何位置的信号。它由印刷式的电阻器、与节气门轴连动的节气门开度可动触点、怠速可动触点，以及各导线组成，如图5-36a)所示。

ECM从端子B送给电阻器5V的参考电压。对应节气门的开度，节气门开度可动触点在电阻器上滑动，则在T处的电压会产生不同的变化，如图5-36b)所示。因此由ECM检测端子T、E间的电压，即可知道节气门开度的大小，通常0.3~0.8V的输出电压，表示节气门关闭；4.0~5.0V的输出电压，表示节气门全开。输出电压与节气门开度成正比，是直线性的输出。

a) 构造

b) 电路

图5-36 电位计式TP传感器的结构及电路

5.3.3 歧管绝对压力传感器

❶ 概述

歧管绝对压力传感器,简称 MAP 传感器,用来计测进气歧管压力,将压力信号与发动机转速信号送给 ECM,来间接求出发动机的进气量。

MAP 传感器是压力传感器的一种,也可称为真空传感器或负荷传感器。其安装位置如图 5-37 所示,在节气门之后的进气总管上。

图 5-37 歧管压力传感器的安装位置

❷ 压阻式 MAP 传感器

半导体材料制成的硅膜片,厚约 3mm,分隔成上、下两室,上室接进气歧管,下室为真空,如图 5-38 所示。所谓压阻式,表示当材料因压力而变形时,其电阻会发生变化。

图 5-38 压阻式 MAP 传感器的结构及作用

当从进气歧管来的压力发生改变时,硅膜片弯曲,使半导体材料的电阻发生变化。计算机提供 5V 参考电压在硅膜片的一端,当电流流过硅膜片时,根据变形量的大小,电压降也随之改变,从硅膜片另一端输出,经滤波电路后送入电脑。

5.3.4 进气温度传感器

(1)进气温度传感器的工作原理,与发动机冷却液温度传感器相同,但传感器尖端是开放式,使热阻器暴露在通过的空气中。

（2）进气温度传感器可装在空气滤清器外壳、翼板式空气流量传感器、进气歧管通道或靠近蓄电池的电脑内。

（3）进气温度传感器的结构如图5-39所示，热阻器高电阻时，表示进气温度低，空气密度大，需要较多喷油量；反之，则需要较少喷油量。

图5-39 进气温度传感器的结构

5.4 电子控制系统

电子控制系统由发动机控制模块、各传感器与各执行器组成，如图5-40所示，由各传感器检测发动机的各种状况，将信号送给ECM，由ECM进行各种不同的控制作用。

图5-40 电子控制系统组成

ECM接收曲轴位置传感器、爆震传感器、空气流量传感器、冷却液温度传感器、节气门位置传感器、车速传感器、氧传感器等信号，进行喷射正时与喷油量控制、点火时间控制、怠速转速控制、汽油泵控制、加速期间空调控制、EGR阀与EVAP活性炭罐清除控制等，如图5-41所示。

图 5-41 电子控制系统的作用

5.4.1 传感器

空气供给系统的各传感器（空气流量传感器、节气门位置传感器、歧管绝对压力传感器、进气温度传感器）前面已经讲过，故不再赘述。下面介绍发动机电控部分的其他传感器。

一、曲轴位置传感器

❶ 概述

曲轴位置传感器的信号送给 ECM，用来判定活塞在上止点位置，判别指定的汽缸，使点火线圈的一次电流适时切断以产生高压电，以及求出发动机转速等。通常一个曲轴位置传感器具有以上各种功能中的一个或两个。

曲轴位置传感器常装在曲轴的前、后端，也有装在凸轮轴上的。

曲轴位置传感器的种类：电磁式、霍尔效应式、光电式。

❷ 电磁式曲轴位置传感器的结构与作用原理

电磁式曲轴位置传感器的结构如图5-42所示。感应线圈环绕永久磁铁后，与信号处理电路连接，钢制转子装在曲轴前端，转子上有4个凸齿，转子装在曲轴上。

当转子凸齿位于磁极间时，磁通量最强，但磁通量变化率是零，因此无感应电压；当凸齿接近或离开磁极时，磁通量变化率最大，因此，感应的交流电压最高，如图5-43所示。

图5-42 电磁式曲轴位置传感器的结构　　　　图5-43 交流电压的变化情形

曲轴转一圈，产生4个交流电压，将信号送给ECM，以测定发动机转速。

❸ 光电式曲轴位置传感器

光电式曲轴位置传感器的结构如图5-44a)所示，由发光二极管、光敏晶体管与挖有圆孔的信号盘组成，用来检测各缸活塞的上止点的位置。其作用如图5-44b)所示，经放大电路后，LED光束能通过圆盘时，输出电压约为2.4V，LED光束被阻断时，输出电压约为0.2V。

图5-44 光电式曲轴位置传感器的结构及作用

信号盘上有1°透光孔360个，180°透光孔4个，其中第一缸透光孔较宽，送出的信号宽度比其他三缸大，如图5-45所示。

信号盘随着曲轴的转动而转动，当LED的光束被切断时，光敏晶体管的电阻变大；当LED光束能通过透光孔时，光敏晶体管的电阻变小。由电阻的改变就可以计算出电压的变化，再由电子电路处理成矩形信号给ECM。LED光束能通过时为高电平，光束被切断时为低电平。

图5-45 信号盘的结构

二、发动机冷却液温度传感器

❶ 概述

发动机冷却液温度传感器是用来检测冷却液的温度，将测量的信号送给ECM，进行对喷油量、点火时间、怠速转速等许多项目的修正或控制。

发动机冷却液温度传感器，常简称水温传感器，是汽油喷射控制系统的一个很重要的信号来源。传感器通常是装在靠近节温器外壳的冷却液通道上。

❷ 热阻器式发动机冷却液温度传感器

热阻器又称热敏电阻，热阻器是根据温度而改变电阻的可变电阻装置。热阻器可分成两种，负温度系数型与正温度系数型，负温度系数型电阻的变化与温度成反比，正温度系数型电阻的变化与温度成正比。

由图5-46可看出，正温度系数型电阻会因温度的改变而产生剧烈且不规则的变化，因此大部分的车用温度传感器，都是采用负温度系数型。

图5-46 NTC与PTC型热阻器电阻的变化

发动机冷却液温度传感器的电路如图5-47所示。ECM经一个固定电阻,送出5V的参考电压给传感器,电流经热阻器后回到ECM搭铁,由于热阻器因温度变化而改变电阻值,故电压也随之改变,ECM利用电压检测电路监测这一电压值,即可得知实际的温度值。例如,冷却液温度低时传感器电阻高,传感器两线头间的电压约为4.5V;当冷却液温度高时传感器电阻低,电压约为0.3V。

图5-47 发动机冷却液温度传感器电路

三、爆震传感器

① 概述

爆震传感器是在发动机将要产生爆震时,将震动转变为电压信号,送给ECM,来延迟点火时间,避免发动机产生爆震。

爆震传感器的安装位置如图5-48所示。直列四缸发动机只有一个爆震传感器时,装在第二、三缸的中间;若有两个时,则分别装在1、2缸及3、4缸的中间。

② 压电式爆震传感器

爆震传感器常采用压电式,其压电元件是由特殊半导体材料所制成的晶体,当承受压力时,晶体变形而产生电压输出。爆震传感器的结构如图5-49所示。

图5-48 爆震传感器的安装位置

图5-49 爆震传感器的结构

爆震传感器的电路及其点火时间的修正如图5-50所示。当震动频率在5~6kHz时，压电元件产生0.3V或更高的振荡电压信号，此信号一旦超过门槛电压时，微处理器内的检测电路即判定为爆震，送出信号给点火器，使点火时间延后。

图5-50 爆震传感器的电路及点火时间修正

四、氧传感器

1 概述

氧传感器用来检测排气中的氧的浓度，将电压信号送给ECM，以修正喷油量，将供应给发动机的空燃比控制在理论空燃比附近的狭小范围内，使三元催化转换器对CO、HC与NO_x的净化比率保持在最佳状态，如图5-51所示。

氧传感器的各种安装位置如图5-52所示。

图5-51 三元催化转换器的净化特性

靠近发动机式：装在排气管上，采用最多，主要用来帮助ECM维持正确的空燃比。
靠近三元催化转换器入口式：称为三元前传感器，以监测三元催化转换器的效率。
靠近三元催化转换器出口式：称为三元后传感器，以监测三元催化转换器的效率。

图5-52 氧传感器的各种安装位置

❷ 二氧化锆式氧传感器

二氧化锆式氧传感器的结构如图5-53所示，由能产生电压的二氧化锆管组成，其内外侧均用铂覆盖，外侧铂有一层陶瓷，以保护电极；二氧化锆管内侧导入大气，外侧则与排气接触。

浓混合气燃烧后排出的废气含有较低浓度的氧气，当其接触到铂时，因铂的触媒作用，使残存的低浓度氧与排气中的一氧化碳或碳氢化合物发生反应，故外侧铂表面的氧几乎不存在，因此，含氧传感器内、外侧的氧浓度差变成非常大，产生大约0.9V电压，如图5-54所示。

图5-53 ZrO_2氧传感器的结构　　　　图5-54 ZrO_2氧传感器产生的电压

稀混合气燃烧时，因排出废气中含有高浓度的氧气与低浓度的一氧化碳，即使一氧化碳与氧气发生反应，也还剩下多余的氧气，因此，二氧化锆内、外侧浓度差小，产生电压约为0.1V。

电脑设有一个比较电压,约为0.5V,以判定混合比的稀浓。与从氧传感器送来的信号电压比较,当信号电压比较高时,电脑判定供应的混合气比理论混合比浓,故计算机控制喷油器的通电时间缩短,使汽油喷射量减少,混合比恢复到理论空燃比附近。

❸ 二氧化钛式氧传感器

TiO_2 氧传感器的结构及电路如图5-55所示。TiO_2 的作用原理与 ZrO_2 完全不相同,TiO_2 的作用原理类似冷却液温度传感器,当混合比在稀、浓间变化时,因 O_2 含量的改变,使 TiO_2 的电阻非常迅速的变化。当混合比浓时电阻低于$1k\Omega$,当混合比稀时则高于$20k\Omega$。

图5-55 TiO_2 氧传感器的结构及电路

ECM送出5V参考电压,经固定电阻及传感器后电压的变化,即可监测空燃比。当混合比浓时电阻低,故电压信号高,约1.2V;当混合比稀时电阻高,故电压信号低,约0.2V。

TiO_2 与 ZrO_2 一样,都是在浓混合比产生高电压,稀混合比时产生低电压,但 TiO_2 的输出电压较高,且 TiO_2 是利用参考电压,电阻改变后以变化输出电压,而 ZrO_2 是自己产生输出电压。

5.4.2 发动机控制模块

❶ 概述

发动机控制模块是整个电子控制系统的中枢,由各传感器、开关送来的信号,进行喷射正时控制、基础喷油量控制、汽油喷射量修正、点火时间控制、怠速控制、汽油泵控制、减速汽油切断控制、冷气切断控制、散热器冷却风扇控制等;ECM本身具备自我诊断、故障安全及备用等功能。

全车任何一个系统的电脑,都可称为电子控制单元(ECU)或者控制模块,如发动机ECU或发动机控制模块、动力传动控制模块等。

❷ 电脑的结构及各主要零件的基本功能

电脑内部的结构,由微处理器芯片、定时器集成电路、输入接口芯片、输出接口芯片、输出驱动器、放大芯片、存储器芯片及线束插座与外壳组成,如图5-56所示。电脑内各主要零件的配置如图5-57所示。

图 5-56 计算机的结构

图 5-57 计算机内各主要零件的配置图

电脑内各主要零件的基本功能：

（1）参考电压调节器：提供较低的稳定电压给电脑及传感器，常见的参考电压值为5V。

（2）放大器：提高传感器输入信号的电压，以供电脑使用。

（3）转换器：或称接口，转换传感器的模拟信号成为数字信号以供电脑使用；或将电脑的数字信号转为模拟信号，以供执行器作用。

（4）微处理器：又称中央处理单元，是IC芯片，替电脑做计算或决定。

（5）存储器：是IC芯片，替微电脑储存数据或程序，并可写入数据。

（6）时钟：又称定时器，IC装置产生一定的脉冲率，以调谐计算机的作用。

（7）输出驱动器：即功率晶体管，利用电脑输出的小电流转换为大电压与电流输出，使执行器作用。

（8）印制电路板：连接各零件及保持定位。

（9）线束插座：与传感器、执行器及其他电脑连接。

（10）外壳：金属外壳以保护各电子零件。

❸ 汽油喷射正时控制

所谓喷射正时，是指每一缸的喷油器在什么时间喷油。曲轴两圈内，各缸汽油的喷射正时一般可分成同步喷射、分组喷射及顺序喷射等三种方式。以下以四缸发动机为例说明，如图5-58所示。

图5-58 三种汽油喷射正时的控制方法

（1）同步喷射式：是指发动机在运转时，各缸喷油器同时开启且同时关闭，由电脑的统一指令控制所有喷油器同时动作。

（2）分组喷射式：分组喷射是将喷油器根据发动机每个工作循环分成若干组，交替进行喷油作用，常用在缸数较多的发动机。

分组喷射常分成2组、3组或4组，根据缸数而定，图5-58b)所示为四缸发动机分成2组，曲轴每转360°，其中一组喷油器喷油。

（3）顺序喷射式：顺序喷射是指喷油器根据发动机的点火顺序依序进行喷射，是由ECM根据曲轴位置传感器的信号，来判断各缸的进气行程，适时送出各缸的喷油脉冲信号。

现代汽车发动机采用顺序喷射非常普遍，曲轴转角720°内，各缸按照点火顺序喷油一次，各缸都在排气行程后半段进气行程之前喷油。虽然系统较复杂，但燃料雾化良好。

❹ **汽油喷射量控制**

（1）基本喷射量控制：质量流量方式，是以发动机转速与进气量为基础，而速度密度方式，是以发动机转速与进气歧管压力为基础，配合各种运转状态，将最适当的基本喷射时间存储在ECM中，以进行最佳的基本喷射量控制，如图5-59所示。

图5-59　基本喷射量的控制

（2）汽油喷射量修正：以存储在ECM中的基本喷射时间为准，再根据各传感器的信号进行修正，来决定出配合所有状况及运转条件的最适当喷射时间，向喷油器输出电压脉冲，以喷射汽油，如图5-60所示。

（3）起动时与起动后增量：此增量是根据冷却液温度而变化。冷却液温度越低，汽油增量越多，增量修正的时间也越长。

（4）暖车时增量：起动后增量是在发动机起动后数十秒停止，而暖车增量则持续增量至冷却液温度到达一定值为止，以改善暖车时的运转性能。

（5）暖车时加速增量：为了改善低温时的操纵性能，在发动机暖车期间设计加速增量。当节气门位置传感器的怠速触点分开时，即发生增量作用。

（6）热车时加速增量：加速时汽油会附着在进气门及其附近，一段时间才能汽化；且因进气歧管压力变大，使汽油的汽化速度变慢，故必须进行加速增量修正，加速时的喷射量由节气门的开启度决定。

图 5-60　与汽油喷射有关的各传感器及开关

（7）减速时减量：节气门关闭减速时，进气歧管压力变小，会促进汽油汽化，尤其是在节气门全关时。ECM 配合减速时节气门的开度变小而减少喷射时间。

（8）全负荷时增量：当发动机在重负荷下运转时，喷射量会随负荷而增加，以确保发动机的输出。由节气门开启角度或进气量，ECM 可测知发动机是否在全负荷状态。

（9）进气温度修正：采用翼板式空气流量传感器时，必须根据进气温度的高低，进行喷射量修正，否则当进气温度低时，混合比会变稀；进气温度高时，混合比会变浓。ECM 根据进气温度传感器信号来改变混合比。

（10）电压修正：ECM 送出适当时间的电压信号给喷油器，但从 ECM 发出信号到喷油器针阀全开，会有些微小的时间延迟，此期间无汽油喷射，会造成混合比变稀，为了确保正确的混合比，喷油器的开启时间，必须与 ECM 所决定的持续时间相等。因此，ECM 送出的喷射信号时间应等于无效喷射时间加上汽油喷射持续时间。

而喷油器作用延迟时间，即无效喷射时间的变化，依蓄电池电压而定。当电压高时，延迟时间短；电压低时，延迟时间长，因此，必须进行电压修正，以蓄电池电压 14 V 为基准而修正喷射时间，如图 5-61 所示，喷射信号时间等于电压修正时间（无效喷射时间）加上汽油喷射持续时间。

图 5-61　电压修正作用

空燃比反馈修正:应用在装设三元催化转换器车型。ECM 由来自氧传感器的 0.1~0.9V 电压信号变化,修正喷射时间,以精确控制混合比在理论空燃比,使三元催化转换器能同时减少 CO、HC 及 NO_x 的排放量。

❺ 点火时间控制

ECM 依据发动机进气量及转速,以决定基本的点火提前角度,储存在 ECM 中。再根据节气门位置传感器、冷却液温度传感器、爆震传感器等各信号,修正点火时间,由 ECM 决定最理想的点火正时,使发动机在动力输出、汽油消耗及排气污染等各方面达到最佳,如图 5-62 所示。

图 5-62 与点火时间控制有关的各传感器及开关

点火时间修正:

(1)低温时修正:根据冷却液温度传感器信号,在低温时,ECM 使点火提前,以保持低温运转性能。

(2)高温时修正:根据冷却液温度传感器及进气温度传感器,在高温时,ECM 使点火延后,以免产生爆震及过热。

(3)怠速时修正:为保持怠速稳定,ECM 在怠速时会不断检测转速的平均值,若怠速低于目标转速时,ECM 会使点火角度提前一个预设值;反之,ECM 会使点火角度延迟一个预设值。

(4)爆震时修正:发生爆震时,ECM 根据爆震的强弱使点火时间延迟多或少,以免爆震情形发生,以保护发动机。

(5)换挡时修正:自动挡汽车,在向上或向下换挡时,延迟点火时间,降低发动机转矩，以减少换挡振动。

❻ 怠速控制

ECM 依据各传感器及开关的信号，控制怠速空气控制阀的打开时间，来控制旁通空气量，使怠速在各种运转状况时，均能符合存储在 ECM 中的基本目标值与修正值，而能保持在最适当及稳定状态，如图 5-63 所示。

图 5-63　与怠速控制有关的各传感器及信号

怠速修正：

（1）起动时及起动后修正：发动机起动时及起动后的一定时间内，ECM 使怠速空气控制阀增加旁通空气量，怠速上升，防止怠速不稳定或熄火。

（2）暖车时修正：冷却液温度低时，ECM 使怠速空气控制阀增加旁通空气量，以确保适当的快怠速运转。

（3）车辆长期使用后修正：车辆长期使用后，因堵塞或磨损所造成的怠速转速下降，ECM 使怠速空气控制阀增加旁通空气量，以修正至一定的怠速。

（4）电器负荷时修正：当前照灯、刮水器及冷却风扇等电器负荷大，造成怠速转速下降时，ECM 使怠速空气控制阀增加旁通空气量。

（5）换挡杆在 N、P 以外位置时修正：换挡杆在 N、P 以外位置时，ECM 使怠速空气控制阀增加旁通空气量，以防止怠速下降。

（6）动力转向时修正：使用动力转向时，动力转向机油压开关将负荷信号送给 ECM，ECM 使怠速空气控制阀增加旁通空气量，以维持怠速在一定值。

（7）空调时修正：空调作用时，ECM 使怠速空气控制阀增加旁通空气量，以防止怠速下降。

❼ 自我诊断、故障安全及备用功能

（1）自我诊断与故障码显示功能。

ECM 随时检测系统的输入、输出信号，当信号超出标准值时，故障码储存在存储器中，仪表板上发动机故障指示灯也会点亮，警告驾驶人车辆已经发生故障，如图 5-64a) 所示。

图 5-64　MIL 与维修检查接头

利用设在驾驶室内的诊断接头，如图5-64b)所示，在转向盘下方。将接头跨接，发动机故障指示灯即会通过点亮的频率，来显示诊断故障码，图5-65所示为单独一个故障码或同时有两个故障码的显示方式；按照故障码的数字，翻查维修手册，即可知道是喷射系统的哪个零件发生故障，以便进行维修。

图5-65 DTC的显示方法

要读出故障码，也常利用各汽车制造厂的专用诊断器，与诊断接头连接来测试，如图5-66所示。

a) ODB-Ⅱ系统的DLC形状与各端子位置

b) 诊断器与DLC的连接

图5-66 DLC及诊断器的使用

本功能即车上诊断系统,目前均采用 OBD-II 系统,以确保对所有与发动机排放有关的系统与零件的精确监测。

(2)故障安全功能。

当 ECM 的自我诊断功能检测到任一传感器或执行器故障时,ECM 将不理会此不良信号,该项目就由预先储存在存储器中的设定值来取代,让发动机能继续保持运转,汽车所采用的设定代替值或方法见表 5-1。

传感器或执行器故障时 ECM 中的设定代替值或方法　　表 5-1

故障项目	故障期间的控制内容
空气流量传感器	(1)由节气门位置传感器(TPS)的信号及发动机转速信号(曲轴位置传感器信号)来决定汽油喷射时间与点火正时; (2)固定急速空气控制(ISC)在指定的位置,所以急速控制没有作用
进气温度传感器	进气温度设定在 25℃
节气门位置传感器	由于节气门位置传感器的信号失效,所以加速时汽油喷射量没有增加
冷却液温度传感器	冷却液温度设定在 80℃
曲轴位置传感器	异常现象检测到后,停止汽油供应 4s
发动机 ECU 与 A/T ECU 之连接线	大气压力设定在 101 kPa(760 mmHg),即 1 大气压
爆震传感器	将点火正时由高辛烷值汽油的点火正时转变成为标准辛烷值汽油的点火正时
点火线圈、功率晶体管	由于点火信号异常,所以切断供应至汽缸的汽油
氧传感器	空燃比反馈控制(闭回路控制)不作用
大气压力传感器	变速器换挡期间点火正时不会延迟

故障安全功能又称回家模式,让车辆能以低速或较小动力行驶至修理厂检修。

但如果产生的故障可能发生严重后果,如涡轮增压压力信号异常,可能造成涡轮或发动机受损时,故障安全功能会使汽油喷射停止,发动机熄火,此时汽车无法行驶。

(3)备用功能。

备用功能是一个独立的备用系统。当 ECM 内部的 CPU 发生故障时,原有的控制程序会切换为备用 IC 控制,以预设值控制点火正时及汽油喷射量等,让发动机以基本功能维持运转。

5.4.3 执行器

发动机电子控制系统的各种控制功能的实现,都是借助于各自的执行器来完成的。根据发动机电子控制系统具备的控制功能强弱不同,各种车型上控制发动机的执行器也有多有少。一般来讲,主要的执行器有:喷油器、燃油压力调节器、空气阀、电动汽油泵等。这些在前面已经讲过,不再赘述。

理论测试

一 填空题

1. 汽油喷射系统按汽油喷射方式不同,分为_____喷射式和_____喷射式。
2. 电控单元的指令是通过_____来完成的。
3. 空气流量传感器可分为两种:一种是直接测量_____的传感器;另一种是直接测量_____的传感器。
4. 曲轴位置传感器有_____、_____和_____三种。
5. 冷却液温度传感器用来检测发动机冷却液的温度,该值作为_____和_____的修正量。
6. 节气门位置传感器装在_____上。
7. 在多点喷射中,喷油时刻的控制方式有三种:_____、_____和_____。
8. 根据空气质量和发动机转速计算出的喷油时间称为_____。
9. 发动机在低温环境下起动时,需要_____的可燃混合气。

二 选择题

1. 汽油喷射式发动机汽油滤清器内的压力为(　　)MPa。
   A. 0.02~0.03　　　　　　　　B. 0.05~0.1
   C. 0.1~0.2　　　　　　　　　D. 0.25~0.35
2. 在各缸进气歧管靠近进气门的进气口上安装喷油器,是属于(　　)。
   A. 单点喷射式　　　　　　　B. 多点喷射式
   C. 缸内直接喷射式　　　　　D. 进气总管喷射式
3. ECM 是指(　　)。
   A. 节气门体　　　　　　　　B. 发动机控制模块
   C. 喷油器　　　　　　　　　D. 空气流量传感器
4. 使燃油共轨内的汽油压力随进气歧管压力而变化的是(　　)。
   A. 压力调节器　　　　　　　B. 油压脉冲缓冲器
   C. 汽油滤清器　　　　　　　D. 喷油器
5. MAP 传感器(　　)。
   A. 是压力传感器的一种　　　B. 可直接计测进气量
   C. 装在节气门之前的进气管上　D. 常用来计测空气滤清器处的压力
6. 曲轴位置传感器的信号无(　　)功能。
   A. 判定活塞在 TDC 位置　　　B. 算出发动机转速
   C. 使点火线圈的一次电流适时切断　D. 测知发动机将要产生爆震

7. 电位计式节气门位置传感器,在节气门全开时的输出电压约为( )。
   A. 0.3~0.8V　　　　　　　　B. 1.0~1.5V
   C. 2.0~3.5V　　　　　　　　D. 4.0~5.0V
8. 根据爆震传感器的信号,ECM 使( )。
   A. 喷油量减少　　　　　　　B. 点火时间延后
   C. 发动机转速升高　　　　　D. 车速提高
9. 对氧传感器的叙述,错误的是( )。
   A. ECM 根据其信号来修正喷油量,控制空燃比在理论空燃比附近
   B. 二氧化锆式会自行产生输出电压
   C. 二氧化锆式与二氧化钛式的作用原理相同
   D. 混合比稀时送出低电压信号
10. 现代四缸发动机采用( )。
    A. 顺序喷射　　　　　　　　B. 同步喷射
    C. 分组喷射　　　　　　　　D. 单点喷射

三 判断题

1. 现代汽油喷射发动机的汽油喷射都是采用连续喷射方式。（　　）
2. 不论控制方式为何,当发动机停止运转时,汽油泵均不起作用。（　　）
3. 翼板式空气流量传感器的体积大,进气阻力也大。（　　）
4. 卡门涡流的频率与空气流速成反比,检测卡门涡流产生的频率,即可知道进气量。（　　）
5. 电磁式曲轴位置传感器是送出交流电压信号给 ECM。（　　）
6. 光电式曲轴位置传感器,当 LED 光束能通过并射向光敏晶体管时,送出较高电压信号。（　　）
7. 汽油喷射量根据电压做修正,所称电压是指蓄电池电压的高低。（　　）
8. 更换汽油喷射发动机的汽油滤清器前,通常必须将管路内的汽油压力释放掉。（　　）

四 简答题

1. 汽油喷射发动机的进气系统包括哪些机件?

2. 试述汽油脉冲缓冲器的功用。

3. 试述压力调节器的功用。

4. 试述喷油器的功用。

5. 试述空气流量传感器的功用。

6. 试述热线式空气流量传感器的作用原理。

7. 试述曲轴位置传感器的功用。

8. 试述发动机冷却液温度传感器的功用。

9. 试述氧传感器的功用。

10. 何谓 ECM 的故障安全功能？

单元6

柴油机燃料供给系统

● 知识目标：

1. 了解柴油机燃料供给系统中各部件的定义和种类；
2. 掌握柴油机燃料供给系统的组成及功用及工作原理。

● 能力目标：

1. 掌握柴油机燃料供给系统各部件的相对位置；
2. 掌握柴油机燃料供给系统各部件的构造及结构特点。

● 建议学时：

16 学时。

6.1 概述

6.1.1 柴油及其使用性能

（1）柴油大多是由石油精炼而成，石油公司出售的柴油，为多种柴油的混合液。

（2）柴油的使用性能。为了保证高速柴油机正常、高效的工作，柴油应具有良好的发火性、低温流动性、蒸发性、化学安定性、防腐性和适当的黏度等诸多的使用性能。

6.1.2 柴油机燃油供给系统的功用

（1）在适当的时刻，将一定数量的洁净燃油增压后以适当的规律喷入燃烧室。各缸的喷油定时和喷油量相同且与柴油机运行工况相适应。喷油压力、喷注雾化量及其在燃烧室内的分布与燃烧室类型相适应。

（2）在每一个工作循环内，各汽缸均喷油一次，喷油次序与汽缸工作顺序一致。

（3）根据柴油机负荷的变化自动调节循环供油量，以保证柴油机稳定运转，尤其是稳定急速，限制超速。

（4）储存一定数量的燃油，保证汽车的最大持续里程。

6.1.3 柴油机燃油供给系统的组成

柴油机燃油供给系统包括喷油泵、喷油器和调速器等主要部件及燃油箱、输油泵、柴油滤清器、高压油管、低压油管等辅助装置，如图6-1所示。

图6-1 柴油机燃油供给系统的组成

6.2 喷油器

6.2.1 概述

喷油器与喷油器架合组为一体，如图6-2所示。

柴油机燃料供给系统

a) 凸缘固定式   b) 螺纹锁入式

图6-2 喷油器与喷油器架

6.2.2 喷油器的功用

能使柴油完全雾化,并均匀分配到整个燃烧室,与汽缸中被压缩的空气充分混合,以获得良好的燃烧。

6.2.3 喷油器的结构与作用

❶ 开式喷油嘴

当发动机在进气行程时,定量柴油送入喷油器下端的喷油杯,发动机压缩行程时,喷油杯中的柴油仍保持不变,但压缩的空气却经过喷油器端的小孔进入喷油杯,故其中的柴油得到大量温度而完成预热。压缩行程到达上止点前某一度数,机械动作使柱塞压下产生高压,将柴油喷入汽缸中。

此型喷油器的结构简单,但喷射特性不良,不适合现代高速柴油发动机使用。

❷ 闭式喷油嘴

闭式喷油器有一根针阀,受弹簧的力,经常将喷油孔关闭,而不与汽缸相通,唯有在喷油泵送来的高泵油,克服弹簧力时,针阀才升高,使喷油孔打开,柴油喷入汽缸中。

此式喷油器使用最普遍,型式也最多。一般分为孔型与针型两大类。

❸ 孔式喷油嘴

孔式喷油器的针阀为圆锥形,不露出喷油孔外,如图6-3所示。喷油器本体上的喷孔分为单孔与多孔两种,单孔喷油器的喷油孔位于喷油器本体中心或偏在一边;多孔喷油器的喷油孔可多至12孔。喷油孔数量及喷雾角度依燃烧室的设计及燃料分布的需要而定。图6-4所示为各种不同结构的孔式喷油器。

孔式喷油器多使用于直接喷射式发动机,其喷射开始压力为15~30MPa。

图6-3 孔式喷油嘴的结构　　图6-4 不同结构的孔式喷油嘴

❹ 针型喷油器

针型喷油器在针阀的下端有一比喷油孔还要细小的圆柱形状的针尖,塞在喷油孔中。不喷油时,针尖突出喷油器体外,改变针尖的形状及尺寸,即可得到所希望的喷雾角度,如图6-5所示。由于针尖经常在喷油孔上下运动,所以能防止喷油孔被炭粒阻塞。

针型喷油器的喷雾角度,需要与燃烧室形状相配合,以获得良好的燃烧。喷雾角度大,散布油雾面积宽广,但贯穿力较弱;喷雾角度小,散布油雾面积狭小,但喷射距离较远。

针型喷油器使用于预燃室式、涡流室式及空气室式等复室式燃烧室的柴油发动机,其喷射开始压力为8~12MPa。

图6-5 针型喷油嘴的结构

❺ 双弹簧式喷油器

一般喷油器通常使用一只弹簧,但有部分喷油器使用两只弹簧,又称两段式喷油器。利用预举行程的少油量喷射,使爆震减小,提高乘坐的舒适性;并在低负荷时,因针阀开启压力的降低,改善喷射稳定性,使怠速稳定。

双弹簧式喷油器的结构如图6-6所示,其由两只压力弹簧、两支压力销、调整垫片及孔式喷油器等组成。如图6-7a)所示,第一与第二压力销之间形成一间隙,使柴油分两段喷射,此间隙称为预举间隙,其行程称为预举行程。

图6-6 双弹簧式喷油嘴的结构

作用:

(1) 第一段作用:当喷油泵送来的燃油压力达18MPa时,克服第一压力弹簧弹力,此时针阀上升距离为预举行程,在低升程范围,仅喷出少量柴油,如图6-7b)所示。当第一压力销与第二压力销接触,且燃油压力上升至约23MPa的期间时,针阀行程保持不变,在0.08mm左右,如图6-8所示。

图6-7 双弹簧式喷油嘴的作用

(2) 第二段作用:当油压超过23MPa时,克服第一与第二压力弹簧的弹力,针阀继续上升至与隔块接触时,在高升程范围,大量柴油被喷出,如图6-7c)所示。

6.2.4 喷油器架

(1) 喷油器架的功用:将喷油器安装于发动机,并将柴油引入喷油器,同时可用来调整喷射开始压力。

图6-8 针阀上升量与燃油压力的关系

(2)喷油器架的形式,如图6-2所示。凸缘固定式是用螺栓将喷油器架固定在汽缸盖上,必须有较大的空间以供安装,多用于大型柴油发动机。而螺栓锁入式是以喷油器架上的螺纹直接锁入汽缸盖固定,安装简单,常用于小型柴油发动机。

(3)喷射管连接于喷油器架的进油接头,进油管内设置一根滤棒,用来过滤拆装喷射管时进入柴油中的灰尘,防止喷油器磨损,如图6-9所示;喷油器架下端安装喷油器,上端则用一只压力弹簧经推杆压住喷油器针阀;由针阀与阀体间极小之间隙通过用来润滑的柴油,从回油管接头流回油箱。

6.3 喷油泵

喷油泵的基本工作原理:

(1)柴油发动机的燃料是靠空气压缩后的高温来着火,因燃料必须在极短时间内完成燃烧,故柴油必须以极细的微粒,喷入汽缸中,并能与空气均匀混合,才能在瞬间完成燃烧。所以喷油泵相当于柴油喷射系统的心脏,而且在喷射系统各机件中也最为精密。

(2)喷油泵是利用柱塞组等使燃料压力升高,适时喷入汽缸内,使之与高温压缩空气均匀混合,着火燃烧以产生动力。

6.4 调速器

6.4.1 调速器的功用

(1)柴油发动机转速的快慢,完全根据燃料喷射量的多少而改变,因此必须有很灵敏的调速装置来控制。

图6-9 喷油嘴架内部的结构

(2)调速器的功用是自动控制发动机的转速,以保持怠速的稳定,及限制发动机的最高转速等。

6.4.2 调速器的结构与作用

怠高速调速器:汽车柴油发动机在使用时,转速的变化极大。在怠速时希望发动机不会熄火,保持稳定的怠速运转;在高速时希望转速不超过最高限制,以免发动机因超速而缩短寿命。

全速调速器:此调速器不但能控制最低转速与最高转速,而且能控制从怠速到最高限制转速范围内,任何转速下的喷油量。在某一转速下能使喷油量与发动机负荷情况密切配合,又称变速调速器。

等速调速器:很多工业用柴油发动机,如带动发电机的发动机等,其转速几乎是固定的,只容许和规定转速有极少的差异,这种发动机装用等速调速器,能随负荷的不同,自动控制喷油量,以维持发动机在一定转速下运转。

综合调速器:有些调速器在结构上与全速调速器相同,但调速器中浮动杆的支点,改由加速踏板来操纵,调速器只控制最低及最高转速,但也具有全速调速器的一些功能。

6.5 辅助装置

6.5.1 增压器

❶ 概述

使同一汽缸增大其动力输出量的方法,通常是增加其吸入汽缸的空气量,可增加发动机转矩,而使容积效率增加。

❷ 增压器的功用

不需要增压压力时,发动机作用与一般吸气式发动机几乎完全相同,故可采用较小排气量发动机,在一般行驶时,可达到省油的目的;而在重负荷时,能有大功率发动机的输出。

❸ 增压器的结构与作用

鲁兹式为机械式增压器中常见的形式,具有两个转子,每个转子上有两个或三个直线型或螺旋型的叶片,如图6-10、图6-11所示。图6-12所示为用于二行程柴油发动机的鲁兹式机械增压器的构造。

图6-10 二叶鲁兹式机械增压器

图6-11 三叶鲁兹式机械增压器

转子封闭在壳室内,并装于轴上,由发动机以2~3倍曲轴转速驱动。主动齿轮与从动齿轮有正时记号,必须对正;叶片之间及叶片与外壳之间隙极小,以防漏气。

驱动机械增压器,发动机所损失的动力,或其拖曳现象,称为附生损耗。

图6-12 二冲程柴油发动机用的鲁兹式机械增压器

6.5.2 燃油泵

燃油泵的作用是将柴油从油箱吸出送入喷油泵,中途经过柴油滤清器将柴油过滤清洁,为克服滤清器滤件与油管中的流动阻力,需有0.16MPa以上的压力。

6.5.3 柴油滤清器

❶ 概述

柴油除做为柴油发动机的燃料外,并兼负燃料系统的润滑作用。因喷油泵的柱塞、排气阀及喷油器等活动部分都是超精密加工而成,间隙仅0.001~0.0015mm。如柴油中含有水分、灰尘、金属粉等杂质时,将使精密机件发生磨损或咬死。

❷ 柴油滤清器的位置

一般车用柴油发动机为确保柴油的清洁,常使用两个以上的滤清器,初次滤清器的滤孔较大,置于燃油泵与油箱之间,做粗滤用;二次或主滤清器的滤孔较细,置于燃油泵与喷油泵之间,做精滤用。此外还有一滤棒安装在喷油器的进油管中,滤棒有磁性能将燃料系统机件磨损的铁粉吸住,以保护喷头。

柴油的过滤路径为:

油箱→初次滤清器→燃油泵(进油接头的滤网)→主滤清器→喷油泵→喷头架(滤棒)→喷油器。

❸ 柴油滤清器的结构及类型

柴油从进油口进入滤清器,经滤芯后将柴油中极细的杂质过滤,清洁的柴油从出油口流出至喷油泵。杂质等沉淀物可定期从底部的放油塞放出。顶部有一个放气螺栓以便放出油路中的空气。

柴油滤清器分为并联式柴油滤清器、串联式柴油滤清器和普通式柴油滤清器。

普通式柴油滤清器：又称标准式柴油滤清器，为最常见的一种。滤芯用滤纸、滤布或金属薄板重叠而成，一般使用滤纸较多。新式滤清器使用整体式，更换时滤芯与外壳一起换掉，如图6-13所示。

串联式柴油滤清器：是将两个滤清器串联，前面的滤清器先将粗大的杂质过滤，粗滤过的柴油再经过后面的滤清器加以精滤，如图6-14所示。

图6-13 整体式柴油滤清器与滤芯　　　　图6-14 串联式柴油滤清器的组成

并联式柴油滤清器：是将两个相同的滤清器接在同一根进油管与同一根出油管上，两个滤清器都兼做粗滤与精滤用。

6.6 电子控制柴油喷射系统

6.6.1 概述

电脑控制应用在汽车上已经非常普遍，其中电脑控制汽油喷射系统，具有低污染、低油耗、高转矩、高输出、低温起动性好及加速性好等优点。

6.6.2 电脑控制柴油喷射系统各部机件的结构与作用

一、概述

（1）线列式及分配式喷油泵，原来使用的机械式调速器及机械式正时器，许多均已由电子式调速器及电子式正时器取代，各传感器信号送给ECU，以控制柴油的喷射量及喷射正时；而可变预行程喷油泵也已改为电子控制式，另共轨式柴油喷射系统更已普遍用在各型柴油发动机上。

（2）电脑控制柴油喷射系统的种类如图6-15所示。

图6-15 电子控制柴油喷射系统的种类

（3）线列式喷油泵采用电子控制的种类如图6-16所示。

图6-16 线列式喷油泵采用电子控制的种类

二、线列式喷油泵采用电子调速器式

❶ 概述

博世公司所采用的电子控制PE型线列式喷油泵柴油喷射系统，即线列式喷油泵采用电子调速器式，是在传统式的线列式喷射系统加装各种传感器及齿杆执行器，不再使用机械式调速器，使喷油泵的柴油喷射量控制更精确。

❷ 结构及作用

电子控制PE型线列式喷油泵柴油喷射系统的组成如图6-17所示，由齿条行程传感器、泵速传感器、柴油温度传感器、冷却液温度传感器、进气温度传感器、加速踏板传感器、制动、排气制动及离合器开关、车速传感器、压力传感器等，及ECM与齿杆执行器等组成。图6-18所示为整个系统的作用框图。

图6-17 电子控制PE型线列式喷油泵柴油喷射系统的组成

图6-18 电子控制PE型线列式喷油泵柴油喷射系统的作用框图

各零组件说明：

（1）齿条行程传感器：用以送出喷油泵齿杆所在位置的信号。

（2）泵速传感器：为电磁式传感器，用以送出喷油泵凸轮轴的转速信号。

（3）温度传感器：分别送出发动机冷却液温度、进气温度及柴油温度等信号给ECM。

（4）压力传感器：为压电式传感器，用以感知涡轮增压器的增压气体压力。

（5）加速踏板传感器：利用电位计取代机械式加速踏板连杆，将加速踏板的位置信号送给ECM。

（6）操作面板：驾驶员及技术员可键入或取消车速值及中间值，并可做怠速的微小变动。

（7）制动、排气制动、离合器开关：每一次制动、排气制动或离合器作用时，开关将信号传送给ECM。

（8）ECM：ECM接收从各传感器及期望值产生器来的信号、负荷及转速信号为其基本的参数，再配合其他的辅助信号，以控制齿杆执行器的作用。

（9）齿杆执行器：利用电磁线圈使执行器产生线性移动，与执行器连接的齿杆也随之移动，以控制柴油喷射量，如图6-19所示。当发动机熄火时，复位弹簧将齿杆推至切断燃油位置；发动机起动后，ECM控制电磁线圈的电流量越大时，执行器越向左移，齿杆也越向左移动，使柴油喷射量增加，即柴油喷射量的多少，与电磁线圈的电流量成正比。

图6-19 齿杆执行器的结构

理论测试

一 填空题

1. 柴油机混合气形成的方法有两种：一种是_____混合；另一种是_____混合。
2. 柴油机燃烧室按结构形式分为两大类：_____燃烧室和_____燃烧室。
3. 柴油的使用性能指标主要是_____、_____、_____和_____。
4. _____泵油的迟早决定_____喷油的迟早，它对柴油机工作性能有很大影响。
5. 喷油泵又称_____。
6. 转子分配式喷油泵按其结构不同，分为_____分配泵和_____分配泵两种。
7. 调速器按其调节作用的范围不同，可分为_____调速器和_____调速器。
8. 喷油提前角是指喷油器开始喷油至活塞到达上止点之间的_____转角。
9. 喷油器常见的形式有两种：_____和_____。

二 选择题

1. 使用规定十六烷号数的柴油（　　）。
   A. 可减少笛赛尔爆震　　　　B. 可减少 NO_x
   C. 可减少 CO 及 HC　　　　D. 可提高输出
2. 当柱塞筒上油孔被柱塞盖住时，为（　　）作用。
   A. 进油　　　　　　　　　　B. 泵油
   C. 喷油结束　　　　　　　　D. 回油
3. 分配式喷油泵柱塞的数目（　　）。
   A. 与汽缸数相同　　　　　　B. 汽缸数的一半
   C. 汽缸数的1/3　　　　　　D. 只有一个
4. 线列式喷油泵采用预行程电子控制式，其预行程执行器是用来控制（　　）。
   A. 柴油喷射压力　　　　　　B. 涡轮增压压力
   C. 柴油喷射量　　　　　　　D. 柴油喷射正时及喷射率
5. 线列式喷油泵采用预行程电子控制式，其预行程执行器是控制（　　）。
   A. 齿杆的左右移动　　　　　B. 控制杆的上下移动
   C. 柱塞的旋转　　　　　　　D. 正时滑套的上下移动

三 判断题

1. 在寒冷地区能使用流动点低的柴油。　　　　　　　　　　　　　　（　　）

2. 柴油的挥发性高,表示其蒸馏温度低。（   ）
3. 线列式喷油泵的调速器是装在泵内。（   ）
4. 线列式喷射系统通常使用柱塞式燃油泵。（   ）
5. 二次柴油滤清器是装在油箱与燃油泵间。（   ）
6. 线列式喷油泵柴油发动机喷射顺序是由高压喷射管依喷射顺序排列。（   ）
7. 线列式喷油泵采用预行程电子控制式,当控制作用使预行程变小时,喷射正时会提前。（   ）
8. 电子控制高压分配式喷油泵,其柱塞是轴向式移动以产生高压。（   ）

四 简答题

1. 试述柴油喷射系统应具备的功能。

2. 线列式喷油泵的举杆调整螺栓可调整什么?

3. 双弹簧式喷油嘴有何优点?

4. 试述计算机控制柴油喷射系统的优点。

单元7

润滑系统

◆ 知识目标：

1. 了解润滑油系统的组成及功能；
2. 掌握发动机的几种润滑方式及特点。

◆ 能力目标：

1. 掌握润滑油的分类及更换周期；
2. 掌握润滑油的油路及主要部件的构造。

◆ 建议学时：

6学时。

7.1 概述

一、润滑系统的功能

润滑系统的功能：润滑、密封、冷却、清洁、缓冲及减振等。

二、润滑方式

由于发动机传动件的工作条件不尽相同，因此，对负荷及相对运动速度不同的传动件采用不同的润滑方式。

（1）压力润滑。压力润滑是以一定的压力把润滑油供入摩擦表面的润滑方式。这种方式主要用于主轴承、连杆轴承及凸轮轴承等负荷较大的摩擦表面的润滑。

（2）飞溅润滑。利用发动机工作时运动件溅泼起来的油滴或油雾润滑摩擦表面的润滑方式，称飞溅润滑。该方式主要用来润滑负荷较轻的汽缸壁面和配气机构的凸轮、挺柱、气门杆以及摇臂等零件的工作表面。

（3）润滑脂润滑。通过润滑脂嘴定期加注润滑脂来润滑零件的工作表面，如水泵及发电机轴承等。

三、润滑系统组成

为了实现润滑系统的功用，汽车发动机润滑系统由下列零部件组成。

（1）机油泵。其功用是保证润滑油在润滑系统内循环流动，并在发动机任何转速下都能以足够高的压力向润滑部位输送足够数量的润滑油。

（2）机油滤清器。它用来滤除润滑油中的金属磨屑、机械杂质和润滑油氧化物。若这些杂质随同润滑油进入润滑系统，将加剧发动机零件的磨损，还可能堵塞油管或油道。

（3）机油冷却器。在热负荷较高的发动机上装备有机油冷却器，用来降低润滑油的温度。润滑油在循环过程中，由于吸热而温度升高。若润滑油温度过高，则其黏度下降，不利于在摩擦表面形成油膜。此外，还会加速润滑油老化变质，缩短润滑油使用期。

（4）油底壳。它是存储润滑油的容器。

（5）集滤器。它是用金属丝编造的滤网，是润滑系统的进口，用来滤除润滑油中粗大的杂质，防止其进入机油泵。

除此之外，润滑系统还包括润滑油压力表、温度表和润滑油管道等。

7.2 润滑油

7.2.1 润滑油的分类

目前在汽车用润滑油（简称车用机油）容器上最常见的标示有两种，SAE 黏度分类与 API 服务分类。

❶ SAE 黏度分类

黏度为发动机机油的基本性质,黏度越高,附着于金属表面的油膜越厚,阻力越大;反之,黏度越低,则附着的油膜越薄,阻力越小。黏度会随温度而变化,温度升高时,黏度越低;温度降低时,黏度升高。

发动机机油应具备适当的黏度,且温度变化时黏度的变化率越少越好。用来表示机油在不同温度时,黏度变化的数值,称为黏度指数,黏度指数越高,机油黏度因温度的变化越小,换言之,即热时不易变稀薄,冷时也不易变浓稠。

机油的黏度以SAE (Society of Automotive Engineer, 美国汽车工程学会) 的编号来表示,号码越大,表示机油的黏度越大,普通机油分为0W、5W、10W、15W、20W、25W、20、30、40、50、60等十一级。

现代发动机均采用复级机油,其SAE编号有很多种,如5W40、10W40、20W50、5W50等。这种机油低温时的流动性好,高温时的黏性好,能适用于广大的温度范围,故四季可通用,又称四季通用机油。编号中的W,是源自Winter(冬天)的W字母,W前面的数字,表示机油在低温时的黏度,W后面的数字,则表示机油在高温时的黏度。

❷ API 服务分类

API服务分类,是用来表示发动机机油品质的方法。从1972年开始,美国石油协会 (American Petroleum Institute, API) 将汽油发动机用机油分成SA、SB、SC、SD、SE等五级。

接着API服务分类又陆续增加SF、SG、SH、SJ及SL级,其中SL级为2001年7月经API认证发表的规格。较新API分类的适用范围,见表7-1。

API服务分类的适用范围　　　　　表7-1

等级	适用范围	等级	适用范围
SL	适用现行的汽油发动机	SG	适用1993年及更早的汽油发动机
SE	适用2001年及更早的汽油发动机	SF	适用1988年及更早的汽油发动机
SH	适用1996年及更早的汽油发动机	SJ	适用1979年及更早的汽油发动机

目前的机油容器上,都会同时标示SAE与API两种规格,例如,一般价格便宜的矿物性机油,如SAE 15W-50, API SF、SG;价格昂贵的全合成机油,如SAE 5W-40, APISL。

7.2.2　润滑油的更换

一般是新车行驶1000km时,及以后每行驶5000km更换一次。但每辆汽车的使用状况不一样,比如是一般道路或越野道路行驶,还是平顺或粗暴驾驶,轻载或重载等,应依实际使用状况而变化。

7.3 润滑油路及主要部件的构造

7.3.1 润滑油路

（1）现代车用四冲程汽油发动机,大部分采用压力式润滑系统,图7-1所示为其基本的机油循环方式。

图7-1 压力式润滑系统

机油泵由曲轴、凸轮轴或正时皮带驱动,将油底壳内机油经机油滤网吸出,经机油滤清器,进入发动机体的主油道内。机油滤网做粗滤用,而机油滤清器做细滤用。

主油道内的机油先至主轴颈润滑,经曲轴内油道后,再到连杆轴颈润滑,然后再从连杆大头喷油孔喷出,润滑活塞、活塞销、活塞环及汽缸壁。

另一方面,主油道的机油向上进入汽缸盖,来润滑凸轮轴、气门摇臂总成及气门等。

现代发动机采用正时链条的,机油也送至该处喷出,来润滑正时链条及链轮。

所有至各部位润滑过后的机油,均滴回油底壳,以备持续循环润滑用。

（2）二冲程汽油发动机机油的润滑。

二冲程汽油发动机的油底壳内无机油,采用分离润滑方式,目前以小型机车发动机采用最多。

机油泵由曲轴驱动,将从机油箱来的机油,仅以必要的量送往进气歧管及曲轴,来润滑球轴承、滚柱轴承、活塞及汽缸壁,如图7-2所示。润滑过后的机油,与汽油的混合气在汽缸内燃烧后排出。

由于二冲程汽油发动机的润滑特性,所以机油的黏度较低,即流动性较好,因此不得使用四冲程汽油发动机采用的机油。

7.3.2 主要部件的构造

一、机油泵

四冲程汽油发动机压力式润滑系统采用的机油泵，用来吸压机油。

机油泵的种类：齿轮式、转子式、摆动式。

❶ 齿轮式机油泵

齿轮式机油泵由泵体、泵盖、主动齿轮、从动齿轮及释放阀等组成，泵体装在曲轴皮带轮侧，如图7-3a)所示。齿轮式机油泵结构简单，但体积及噪声较大。

主动齿轮按图7-3b)所示方向旋转，进油口处产生真空，将机油吸入，随齿轮的转动，沿齿轮与泵体间的空隙带到出油口压出，送到主油道。

图7-2 分离润滑系统

a) 构造

b) 作用

图7-3 齿轮式机油泵的结构及作用

各种类型的机油泵内，都设有释放阀，当发动机转速高时，油压将释放阀推开，部分机油回到机油泵的进油端，以免出油端油压太高，如图7-4所示。调节后的油压为0.2~0.4 MPa，故释放阀也称为机油压力调节阀。

❷ 转子式机油泵

旧型转子式机油泵由泵体、泵盖、机油滤网、释放阀、内转子、外转子等组成，如图7-5所示。转子式机油泵结构简单，体积及噪声小，以往小型车采用最多。

内转子的齿数比外转子少一齿，内转子与泵体偏心安装，当内转子驱动外转子转动

图7-4 释放阀的结构

时，内、外转子齿与齿的空间发生由小变大，再由大变小的运动，而产生吸、送油作用，如图7-6所示，由①至⑩的空间变化。

图7-5　旧型转子式机油泵的结构　　　图7-6　转子式机油泵的作用

新型转子式机油泵的结构如图7-7所示，装在曲轴皮带轮侧的前盖上，占用的体积更小。

❸ 摆动式机油泵

摆动式机油泵由泵体、内转子、外转子、泵盖及释放阀等组成，如图7-8所示。

图7-7　新型转子式机油泵的结构　　　图7-8　摆动式机油泵的结构

与转子式机油泵的结构相似，但其内、外转子的齿数比转子式机油泵多；且内转子是由曲轴直接驱动，可减少零件数量及质量，及降低机械的摩擦与噪声，现代小型车普遍采用。

二、机油滤清器

❶ 机油滤清器的功用

过滤因机件摩擦产生的金属粉，及汽油、机油燃烧后混入机油中的炭粒、油泥等，以减少机件的磨损,延长发动机的使用寿命。

❷ 机油滤清器的结构及作用

机油滤清器由外壳、滤芯、旁通阀及止回阀等组成,如图7-9所示。

机油从滤芯的外围进入,经滤芯过滤后,从滤清器的中央送出,如图7-9的实线所示;当滤芯堵塞时,油压将旁通阀推开,机油经旁通阀直接送出,如图7-9的虚线所示。

当发动机熄火时,止回阀关闭,避免机油逆流,以防止主油道油压迅速降低;且可避免滤芯外围的污泥流回机油泵。

三、机油尺与机油压力警告灯

(1)机油尺的结构如图7-10所示。油底壳内机油量,应保持在机油尺的上限与下限之间;通常添加机油时,均加至机油尺的上限,以防因漏油或机油进入燃烧室,机油面迅速降低至下限以下。

图7-9 机油滤清器的结构及作用

图7-10 机油尺的结构

(2)机油压力警告灯设在驾驶室仪表板上,点火开关在ON位置时,警告灯亮;发动机起动后数秒钟内,警告灯熄灭,表示油压正常。

理论测试

一 填空题

1. 现代汽车发动机润滑系统多采用 _____ 和 _____ 相结合的复合润滑方式。

2. 汽车发动机常用的机油泵有 _____ 和 _____ 两种。

二 选择题

1. 下列（　　）零件不是靠连杆大头喷出的机油润滑。
   A. 活塞　　　　　　　　　　B. 气门
   C. 汽缸壁　　　　　　　　　D. 活塞环

2. 对二冲程汽油发动机润滑系统的叙述，错误的是（　　）。
   A. 油底壳内无机油
   B. 小型机车发动机采用最多
   C. 采用分离润滑方式
   D. 所用机油的黏性与四冲程汽油发动机采用的相同

3. 经释放阀调节后的机油压力约为（　　）MPa。
   A. 0.05~0.15　　　　　　　　B. 0.2~0.4
   C. 0.5~1　　　　　　　　　　D. 1.5~2

4. 对机油的叙述，错误的是（　　）。
   A. 机油的服务分类是以 SAE 号码表示
   B. 温度变化时，机油黏度的变化率越少越好
   C. SAE30 为单级机油
   D. SAE 10W-40 为复级机油

5. 适用现今汽油发动机的 API 服务分类为（　　）。
   A. SG 级　　　　　　　　　　B. SH 级
   C. SJ 级　　　　　　　　　　D. SL 级

三 判断题

1. 油底壳处的机油滤网是做粗滤用，而机油滤清器是做细滤用。　　（　　）
2. 任何一种型式的机油泵内，都一定设有释放阀。　　（　　）
3. 经滤芯过滤后的机油，是从机油滤清器的中央送出。　　（　　）
4. SAE 的号码越大，表示黏度越小。　　（　　）
5. 复级机油又称四季通用机油。　　（　　）
6. SAE 表示美国石油协会，API 表示美国汽车工程学会。　　（　　）

四 简答题

1. 机油滤清器内设旁通阀有何用途？

2. 试述释放阀的功用。

3. 试述机油滤清器的功用。

单元8

冷却系统

◆ 知识目标:

1. 了解冷却系统的功能及分类;
2. 掌握冷却系统的组成及各部件的功用。

◆ 能力目标:

1. 掌握大小循环冷却液循环路线;
2. 掌握冷却系统主要部件的构造及结构特点。

◆ 建议学时:

6学时。

8.1 概述

一、冷却系统的功能

(1)混合气在汽缸中燃烧后所产生的大量热能,约有70%不能转为发动机的机械动能,且燃烧温度可达2600℃(4700 ℉)左右,这些热量约有一半随着废气排出发动机外,另一半则直接加在发动机机件上。

(2)但发动机必须保持一定的工作温度,为80~90℃,各机件才能维持正确的膨胀及间隙,燃料及润滑系统也才能正常作用,因此必须装设冷却系统,使发动机迅速达到工作温度,并一直保持此工作温度。

(3)冷却不良会导致发动机过热,各部机件过度膨胀而加速磨损,甚至咬死;但过度冷却时,会造成燃油消耗及发动机功率输出降低。

二、冷却系统的分类

冷却系统的分类:水冷式和风冷式。

❶ 水冷式冷却系统

一般发动机均采用压力式,由水泵将冷却液压入汽缸体及汽缸盖水套,带走汽缸壁及燃烧室壁热量,经节温器,送至散热器由外界空气冷却后,再由水泵抽压回汽缸体及汽缸盖水套,如图8-1所示。

图8-1 水冷式冷却系统

为使冷发动机起动后,缩短发动机的暖车时间,在冷却液的循环路径上设有节温器,冷却液温度低时,节温器关闭,冷却液经旁通道在发动机内循环流动;冷却液温度高时,节温器才打开,大部分冷却液流经散热器冷却,少部分则流经旁通道,如图8-2所示。

❷ 风冷式冷却系统

自然冷却式:利用行驶时,自然流动的空气来冷却,一般用在摩托车上,如图8-3所示。

图8-2 水冷式冷却系统冷却液的循环　　图8-3 自然冷却风冷式冷却系统

强制冷却式：汽车发动机均采用强制冷却法，在汽缸体及汽缸盖外围用导气罩包围，用来引导空气流动，并使用风扇或鼓风机来强制送风，如图8-4所示。

图8-4 强制冷却风冷式冷却系统

8.2 冷却液

（1）水冷式发动机最方便使用的冷却液为水，但必须是干净的软水才可以。

（2）在寒冷天候，气温0℃以下时，水会结冰膨胀，使散热器、汽缸等破损，因此必须在水中加入防冻剂，使冷却液的冰点降低。

一般的防冻剂也可提高冷却液的沸点。

汽车常用的乙烯乙二醇为无色、无臭、毒性低、腐蚀性低且易溶于水的防冻剂。

但乙二醇的密度大于水，而比热容及导热度均不如水。与水混合时，乙二醇的含量越高，其热传导系数会越低，也就是不利于散热。

（3）为使防冻冷却液能全年使用，再添加防锈剂及防腐蚀剂等，称为长效冷却液，是目前使用最多的冷却液。

8.3 冷却液循环及主要部件的构造

冷却液在冷却系统中的循环路径如图8-5所示。冷却液在水泵中增压后，经分水管流入发动机的机体水套。冷却液从水套壁周围流过并从水套壁吸热而升温；然后向上流入汽缸盖水套，从汽缸盖水套壁吸热之后经节温器及散热器进水软管流入散热器；在散热器中，冷却液向流过散热器周围的空气散热而降温；

最后冷却液经散热器出水软管返回水泵,如此循环不已。在汽车行驶时或冷却风扇工作时,空气从散热器周围高速流过,以增强对冷却液的冷却。不论是铜制或不锈钢制的分水管,还是直接铸在机体上的分水道,都沿纵向开有出水孔,并与机体水套相通,离水泵越远出水孔越大,其数目通常与汽缸数相同。分水管或分水道的作用是使多缸发动机各汽缸的冷却强度均匀一致。

图8-5 冷却液在强制循环水冷系统中的流动

8.3.1 水泵

(1)水泵由泵体、泵轴、叶片、轴承、水封及皮带轮等组成,如图8-6所示。水泵皮带轮由发电机皮带驱动,现代发动机由正时皮带驱动,其转速为曲轴转速的1.2~1.6倍。

a) 水泵　　　　　　　　　　　　b) 叶片

图8-6 水泵的结构

(2)水泵的作用:将从散热器来的冷却液,或从旁通道来的冷却液,压入汽缸体水套中,强制冷却液循环。

8.3.2 风扇

（1）目前发动机所采用的冷却用风扇，均用合成树脂制成，如图8-7所示，风扇装在散热器后面，将空气吸经散热器，吹向发动机的机体。

图8-7 直接驱动式风扇的组成

（2）风扇的种类：发动机驱动风扇（包含直接驱动式和风扇离合器式）和电动风扇。

（3）直接驱动式风扇：风扇直接固定在水泵上，由发动机曲轴经皮带直接传动，如图8-7所示，风扇转速与发动机转速成正比。

发动机起动后，风扇永远在转动，不能配合发动机需要，且噪声大、耗油，早期冷却系统采用。

（4）风扇离合器式：由曲轴经皮带间接传动，如图8-8所示。发电机皮带先带动水泵皮带轮，经风扇离合器，再传动风扇。

图8-8 风扇离合器式的组成

（5）风扇离合器的结构与作用：风扇离合器由水泵皮带轮驱动的主动板、连接风扇的从动板，及特种黏性油（即硅油）等组成，如图8-9所示。

水泵皮带轮转动时，使风扇离合器中的主动板转动，根据硅油的黏性及温度使从动板也跟着转动，故驱动风扇也随着旋转。发动机温度低时，风扇转速较慢，使暖车时间缩短；发动机温度高时，温度升高使硅油膨胀，主动板与从动板间的阻力变大，故风扇转速变快；但达一定转速后，风扇转速不再增加。

（6）电动风扇：电动风扇由风扇电动机、风扇及风扇架等组成，如图8-10所示。其电路如图8-11所示，水温开关装在散热器下方，继电器则用以通过大电流送给风扇电动机。

图8-9 风扇离合器的结构　　　图8-10 电动风扇的组成

图8-11 电动风扇电路

电动风扇的优点为发动机温度低时，风扇不转动，缩短发动机温热的时间，运转噪声小，且不必消耗发动机动力。

其作用为当通过散热器的冷却液温度达92℃时，水温开关接通，继电器内线圈通电，使继电器内触点闭合，大电流送给风扇电动机，风扇开始转动，使空气吸经散热器冷却；当通过散热器的冷却液温度降低到87℃时，水温开关切断电路，风扇停止转动。

8.3.3 皮带

（1）各皮带轮间的传动，是靠皮带，其要求为传动效率高、不打滑，及噪声低。
（2）皮带分成两种，V形与齿形。

V形皮带：是靠皮带两侧与皮带轮的接触压力，来传递动力，早期发动机均采用这种形式，如图8-12a)所示。

齿形皮带：是由多条小V形构成如齿状般，靠每条小V形两侧与皮带轮的接触压力，来传递动力。齿形皮带传动效率高，且噪声低，现代发动机均采用齿形皮带，如图8-12b)所示。

a)V形　　　　　　　　　b)齿形

图8-12　皮带的结构

8.3.4　散热器及散热器盖

1 散热器

散热器（又称水箱）一般都装在汽车前方，利于冷却液的散热，材质常用铜或铝制成。

散热器由上储水室、下储水室、散热器芯、散热器盖、进水口、出水口及放水塞等组成，如图8-13所示。压力过高的冷却液从溢流管直接排泄掉，被早期冷却系统所采用。

（1）散热器依水流方向可分。

纵流式：热冷却液由上储水室进入，冷却过的冷却液由下储水室流出，再由水泵打入水套中。因能配合冷却液温度与相对密度的变化，冷却效果好，早期发动机使用较多，如图8-14所示。

图8-13　散热器的结构　　　　图8-14　纵流式散热器

横流式：储散热器在散热器芯的两端，冷却液以横方向左右流动，如图8-15所示。散热器横方向尺寸可加长，以降低高度，有利于发动机罩前方高度的缩减，减少风阻系数，现代发动机常采用。

（2）储液罐。

现代汽车使用的散热器，旁边常附有储液罐，俗称副散热器，如图8-16所示。

图8-15　横流式散热器

当冷却液温度上升，体积膨胀时，散热器中的冷却液压入储液罐中；温度降低，冷却液体积收缩时，储液罐中的冷却液被吸回散热器中。如此散热器可以经常保持在满水状态，以维持冷却效果，驾驶员也不必经常检查冷却液量，上储水室也可以做得较小。

图8-16　附有储液罐的散热器

2 散热器盖

现代汽油发动机所使用的散热器盖均为压力式，以提高冷却液的沸点，使冷却液不易沸腾，同时可以加大散热器冷却液与空气的温度差，提高冷却效率，并且可以减少冷却液的流失。

一般压力式散热器盖所增加的压力，表压力为0.05~0.09Mpa，可使冷却液的沸点提高到110~125℃。

散热器盖的结构：压力式散热器盖由压力阀、压力弹簧、真空阀、真空弹簧等组成，如图8-17所示。

图8-17　压力式散热器盖的结构

当散热器内部压力大于规定值时,压力阀打开,高压气体及冷却液由溢流管流出,或进入储液罐,以防散热器或水管破裂,如图8-18所示。

图8-18 压力阀打开

当发动机熄火,冷却液温度降低,体积收缩后,散热器内的压力会低于大气压力,此时真空阀打开,使空气或储液罐中的冷却液流回散热器内,以防止散热器或水管塌陷,并保持冷却液量,如图8-19所示。

图8-19 真空阀打开

8.3.5 节温器

❶ 节温器的功用

在冷却液温度低时阀关闭,使冷却液只能在水套内循环,让冷却液温度迅速上升到正常的工作温度;然后在冷却液温度升高后,改变阀的开度大小,控制冷却液温度在一定值。

❷ 节温器的结构与作用

压力式冷却系统均使用蜡式节温器,由支架、轴杆、蜡室、弹簧及阀等组成,图8-20所示为标准型的节温器。其上有一排气孔,在加注冷却液时,可让水套内的空气由此排出。

当冷却液的温度低时,蜡为固体,体积小,弹簧的力将蜡室及阀向上推,关闭汽缸盖水套到散热器的通路,如图8-21a)所示。

当冷却液的温度上升时,蜡开始熔化成液体,体积膨胀产生压力,压缩合成橡胶,并作用在轴杆上,但因轴杆固定在支架上不能动,其反作用力使蜡室克服弹簧弹力向下

图8-20 蜡式节温器的结构

移动,而使阀打开,让水套冷却液流往散热器,如图8-21b)所示。

a) 阀关闭时　　　　　　　　b) 阀打开时

图8-21　蜡式节温器的作用

理论测试

一 填空题

1. 发动机冷却方式一般有 ＿＿＿＿ 和 ＿＿＿＿ 两种。
2. 水泵的作用是对冷却液 ＿＿＿＿ ,使之在冷却系统中循环流动。
3. 节温器是通过改变冷却液的 ＿＿＿＿ 和 ＿＿＿＿ 来调节冷却强度的。目前汽车上多采用 ＿＿＿＿ 节温器。

二 选择题

1. 水冷式冷却系统中,能使发动机温度迅速升高的零件是(　　)。
   A. 散热器　　　　　　　　B. 水套
   C. 节温器　　　　　　　　D. 水泵
2. 直接驱动式风扇的缺点为(　　)。
   A. 发动机冷时不转动　　　B. 噪声大、耗油
   C. 耗电　　　　　　　　　D. 发动机热时不转动
3. 风扇离合器式的离合器内部为(　　)。
   A. 机油　　　　　　　　　B. 液压油
   C. 硅油　　　　　　　　　D. 齿轮油
4. 对电动风扇的叙述,错误的是(　　)。
   A. 必须消耗动力　　　　　B. 发动机温度低时风扇不转
   C. 电路设有继电器　　　　D. 必须消耗电荷

5. 可让散热器经常保持在正常水位的是（　　）。
   A. 散热器盖　　　　　　　　B. 节温器
   C. 溢流管　　　　　　　　　D. 储液罐

三 判断题

1. 水冷式冷却系统的发动机，一般均采用压力式。（　　）
2. 水泵皮带轮可由冷气压缩机皮带驱动。（　　）
3. 水泵的转速通常比曲轴慢。（　　）
4. 电动风扇在发动机冷时不转动。（　　）
5. 任何风扇转动时，均是将空气吹向散热器。（　　）
6. 现代发动机均使用V形皮带传动机件。（　　）
7. 装用压力式散热器盖是为提高冷却液的沸点。（　　）
8. 压力式散热器盖的压力阀可防止散热器因压力过高而破裂。（　　）
9. 节温器上的排气孔，可让散热器内的空气排出。（　　）
10. 在水中加入防冻剂，可使冷却液的冰点降低。（　　）

四 简答题

1. 水冷式冷却系统，如何缩短发动机的暖车时间？

2. 试述电动风扇的优点。

3. 散热器附储液罐有何优点？

4. 压力式散热器盖的真空阀有何用处？

5. 节温器实质和作用。

单元9

发动机电气设备

- 知识目标:

  1. 了解发电机的基本工作原理;

  2. 掌握蓄电池的功用及结构、交流发电机的结构与基本作用。

- 能力目标:

  1. 了解点火系统的组成;

  2. 掌握起动系统的组成及各部件的功用;

  3. 会用塞尺测量火花塞的间隙。

- 建议学时:

  12 学时。

9.1 蓄电池

9.1.1 蓄电池的功用

（1）起动发动机时，供给起动机摇转发动机所需的大量电流。
（2）电器用电量超过发电机的输出量时，供应电器所需的电流。
（3）发电机输出大于用电量时，将电能转变成化学能在蓄电池储存。

9.1.2 蓄电池的结构

蓄电池由外壳、桩头、正极板、负极板、隔板、电解液等组成，如图9-1所示。

图9-1 蓄电池的结构

❶ **外壳**

外壳内部分成许多小室，互不相通，12V蓄电池有6个小室。

❷ **正极板与负极板**

正极板是以铅格子板为骨架，表层是咖啡色微粒结晶状的过氧化铅（PbO_2）。
负极板也是以铅格子板为骨架，表层是海绵状的铅（Pb）。

❸ **隔板**

在正、负极板间必须以隔板隔开，隔板是以塑胶强化纸纤维、合成树脂等制成。

❹ **桩头**

凸出蓄电池顶盖上两个粗大的接头，称为桩头，有圆形及扁形两种。
正极桩头较粗，有"＋"记号；负极桩头较细，有"－"记号。在接线时，绝不可接错桩头。

❺ **充电指示器**

蓄电池顶盖上设有充电指示器，由指示器所显示的颜色，可判断蓄电池是否充满电。充电指示器的作用如图9-2所示。

当蓄电池充电正常时,从视窗中在黑色区可看到绿色圆圈,如图9-2a)所示。

当蓄电池充电不足时,从视窗中看不到绿色圆圈,整个是黑色,如图9-2b)所示。

当蓄电池液面过低时,视窗中看到的是透明色,表示蓄电池需换新,如图9-2c)所示。

图9-2 充电指示器的作用

9.2 起动系统

9.2.1 概述

(1)起动发动机时,曲轴必须先转动,使活塞移动,产生吸力,将混合气吸入汽缸中,接着压缩混合气,火花塞跳火才能顺利点燃混合气并产生动力。曲轴最初的转动必须有起动机带动来完成。

(2)起动发动机时,起动机耗用的电流很大,因此利用3~5A小电流,使起动机电磁开关的触点接合,以通过150A甚至500A的大电流给起动机。

(3)起动电机的安装位置如图9-3所示。

9.2.2 起动系统的组成

起动系统由蓄电池、点火开关及起动机组成,如图9-3所示。

9.2.3 点火开关

(1)点火开关装在转向柱上,开关有五个切换位置,如图9-4所示。

图9-3 起动机的安装位置

图9-4 点火开关的切换位置

(2)点火开关五个位置的功能。

锁住(Lock):钥匙在此位置才能拔出,也在此位置锁住转向盘轴,使转向盘无法转动。现代自动变速器汽车,换挡杆挂至P挡,钥匙才能拔出。

关闭(Off)：在此位置由点火开关控制的电路均不通，但转向盘可以转动。

附件(Accessories)：在此位置汽车附属电器的电路接通，如点烟器、收音机等，但点火系统不通。不起动发动机听收音机时应开在此位置。

运转(On or Run)：在此位置时点火系统及其他各电器均接通，汽车行驶时开关均在此位置。

起动(Start)：由运转位置顺时针方向转动钥匙，即为起动位置，手指放松时，钥匙自动回到运转位置。在起动位置时，点火系统及起动系统接通以起动发动机。

9.2.4 起动机

（1）起动机由电动机、超越离合器及电磁开关三大部分组成。起动机的详细结构如图9-5所示；起动系统的电路如图9-6所示。

图9-5 起动机的结构

图9-6 起动系统的电路

（2）起动机的作用。

电磁开关内的柱塞，经拨叉可使超越离合器移动。当驾驶员将点火开关转到起动位置时，电流从ST端子流入保持线圈及吸拉线圈，产生的磁场将柱塞吸入，柱塞的移动经拨叉将超越离合器连同小齿轮拨出，小齿轮与飞轮齿环部啮合，如图9-7b）所示。

在小齿轮移出的同时，柱塞上的接触片使B端子与M端子接触，大量电流从蓄电池→B端子→接触片→M端子→磁场线圈→电刷→电枢线圈→电刷→搭铁，使电动机产生强大转矩，驱动发动机转动，如图9-6及图9-7c）所示。

图9-7　起动机的作用

发动机起动后，驾驶员放开点火开关，ST端子的电流切断，但接触片仍使B端子与M端子接通，因此电流由M端子经吸拉线圈到保持线圈搭铁，因两线圈的电流方向相反，磁力互相抵消，故柱塞被柱塞弹簧推回原位，因此拨叉将超越离合器连同小齿轮拉回，小齿环与齿环分离。

9.3 充电系统

9.3.1 发电机的基本工作原理

图9-8 导体在磁场内运动

导体在磁场内运动切割磁力线,在导体中会产生感应电压。如果将导体连成完整电路,则电路中会有电流,如图9-8所示。发电机就是利用电磁感应现象来发电的。

9.3.2 交流发电机的功能

❶ 概述

发电系统就是将发动机小部分机械能转变为电能的装置,如图9-9所示。发电机通常都是由曲轴皮带轮带动。

图9-9 发电系统的组成

❷ 交流发电机的功能

在车辆行驶时,供应点火系统、空调、音响及其他电器用电。
补充蓄电池在起动时损耗的电能。

9.3.3 交流发电机的结构与基本作用

❶ 交流发电机的结构

交流发电机的结构如图9-10所示,由定子、转子、整流器、前盖板、电刷、后盖板与风扇等组成。

❷ 定子

定子由定子线圈及薄铁片叠成的铁芯组成,两端为铝制的端盖所支撑,是外壳的一部分,如图9-11所示。定子线圈由漆包线绕成,共有三组线圈,每组由与转子磁极数相等数量的线圈串联而成。

图9-10 交流发电机的结构　　　　图9-11 定子的结构

❸ 转子

转子由磁极、磁场线圈、滑环及轴等组成，分成两片爪形铁，交叉组合在一起，一边全为 N 极，另一边全为 S 极，N、S 极相间排列，一般为 8~16 极，如图9-12所示。

图9-12 爪形转子的结构

磁场线圈电流的流动顺序如下：由调整器来的电流→发电机端子→电刷→滑环→磁场线圈→滑环→电刷→搭铁。

❹ 整流器

由于汽车上的电器都是使用直流电，因此在定子线圈感应的交流电，必须经过整流器整流为直流电输出，如图9-13所示。

❺ 前后盖板

发电机前后盖板用以支撑转子与定子。后盖板上安装有整流器、电刷架、输出端子及轴承等。上有通风孔，让冷却空气通过，如图9-14和图9-15所示。

图9-13 整流器的结构

图9-14 前盖板的结构　　　　　图9-15 后盖板的结构

9.3.4 调整器

❶ 调整器的功能

交流发电机在低速时就要能发出足够的电压，以供汽车电器使用及充电，因此在低速时需以较大的电流供应磁场线圈，以产生强力磁场，使发电机能产生足够的电压；当交流发电机的转速升高后，必须降低流过磁场线圈的电流，以减弱磁场强度，来维持发电机的电压不继续升高而烧坏电器。

调整器就是用来控制磁场线圈电流的大小，以控制发电机输出电压的装置。

❷ IC式调整器

IC调整器的外观如图9-16b)所示，IC调整器一般安装在发电机皮带轮的对面。

a) 交流发电机　　　　　b) IC调整器

图9-16 交流发电机与IC调整器的外观

所谓IC，是集成电路的简称，在电路板或硅芯片上，安装许多电阻、电容、二极管与三极管等元件连接而成的电子电路，收纳于小壳子内，具有小型轻量化的特点。

IC调整器的基本工作原理：

（1）如图9-17所示，当发电机B端子的输出电压低时，蓄电池电压流经电阻R，作用在三极管的T_{r1}基极上，使T_{r1} ON。故电流通过磁场线圈，其流动顺序为B端子→磁场线圈→F端子→T_{r1}→搭铁，使发电机的输出电压提高。

（2）如图9-17所示，当发电机B端子的输出电压高时，较高的电压作用在齐纳二极管(ZD)上，当电压达到齐纳电压时，齐纳二极管导通，使T_{r2} ON，而T_{r1}则OFF，故流经磁场线圈的电流中断,可达到调节输出电压在一定值的目的。

注意:一般的二极管(俗称整流二极管),电流只能单向流动;但齐纳二极管,当逆向电压达齐纳电压(或称崩溃电压)时,齐纳二极管逆向可导通,故常用来做为电压调整、参考电压控制及保护电路等。

图9-17 IC调整器的基本作用原理

9.4 点火系统

9.4.1 概述

(1)内燃机除利用压缩空气的高温,使喷入的燃料自行着火燃烧的柴油发动机外,一般的发动机必须依靠高压电火花来点燃混合气,使发动机运转。

(2)点火系统产生约2万V的高压电,跳过火花塞的电极间隙产生火花,将已压缩的混合气点燃,形成一火焰核,再迅速的扩大波及整个燃烧室,产生快速的燃烧,使气体迅速膨胀,推动活塞,以产生动力。

(3)通常曲轴位置在上止点后10°左右,发动机可以得到最大动力,但从火花塞跳火至混合气大量燃烧,产生最高压力所需的时间,因发动机的压缩比、汽油辛烷值、混合气量、混合气浓度、发动机转速等因素而不同。因此发动机要获得最大动力,点火时间必须随发动机工作情况而改变,一般发动机的点火时间在怠速时为上止点前5°~15°。

(4)因此点火系统有三个主要功能,即产生高压电、高压电的配电及点火时间控制。

(5)汽油发动机性能好坏受点火系统的影响最大,火花微弱或点火时间不准确,立刻造成发动机无力、耗油、爆震等现象,并会排出大量污染气体。

(6)点火系统的种类很多,下面以无分电器的点火系统为例进行介绍。

9.4.2 无分电器点火系统组成

无分电器的点火系统由低压电源、点火开关、微机控制单元(ECU)、点火控制器、点火线圈、火花塞、高压线及各传感器组成,如图9-18所示。也有些车辆将点火控制器和点火线圈集成到一起。

图9-18 无分电器的点火系统组成

无分电器点火系统的高压配电方式有单独点火和同时点火之分。

单独点火方式是一个缸的火花塞配一个点火线圈,单独向各缸直接点火。各缸的点火线圈直接安装在火花塞上。

同时点火就是利用一个点火线圈对活塞接近压缩上止点和排气上止点的两个汽缸同时进行点火的高压配电方法。其中活塞接近压缩上止点的混合气点火做功,该汽缸产生的电火花是有效火花;接近排气上止点的汽缸,火花塞产生的电火花是无效花火。

同时点火方式又分为点火线圈配电方式和二极管配电方式。

9.4.3 点火控制器

点火控制器又称点火模块,主要根据控制单元输出的点火控制信号,控制点火线圈初级电路的通断。点火控制器实物如图9-19所示。

9.4.4 点火线圈

❶ 点火线圈的功用

利用线圈互感应原理,将电压由12V升高到足以跳过火花塞间隙的数万伏以上的高压电。

❷ 点火线圈的结构及作用

点火线圈内部有一次线圈和二次线圈,一次线圈绕在二次线圈的外侧,有100~300匝,线圈较粗;二次线圈绕在铁芯上,有10 000~30 000匝,线圈较细。其结构如图9-20所示。

图9-19 点火控制器

图9-20 点火线圈的结构

蓄电池电流流经一次线圈后产生磁场,当控制器控制一次线圈电流中断,建立的磁场迅速消失,磁场的变化,使一次线圈自感应产生电压,由于线圈间的互感应作用,使二次线圈感应产生高压电。

9.4.5 火花塞

(1)火花塞将点火线圈送来的高压电,从中央电极跳到搭铁电极,产生火花,以点燃混合气。

(2)火花塞的结构如图9-21所示,绝缘瓷体上端表面有凸出筋条,以提高绝缘性。六角部做为拆装火花塞用,如图9-22所示。

图9-21 火花塞的结构(一)　　图9-22 火花塞的结构(二)

(3)火花塞间隙为1.0~1.5mm。火花塞间隙用塞尺来测量。

9.4.6 高压线

(1)从点火线圈至各缸火花塞的高压导线,称为高压线。

(2)高压线必须能耐30kV以上的高压电,不发生漏电情形。

理论测试

一、填空题

1. 火花塞的功能是在燃烧室内产生 _____ 电火花并点燃可燃混合气。
2. 断电器凸轮每转360º,各缸按点火顺序点火 _____ 次。

3. 点火线圈是将蓄电池或发电机所供给的_____变成_____的主要部件。

4. 电磁操纵式起动机一般由三部分组成：_____、_____和_____。

5. 直流电动机的作用是将_____能转变为_____能。

二 选择题

1. 当蓄电池液面及充电正常时，在充电指示器的中央可看到(　　)。
   A. 绿色　　　　　　　　　　B. 黑色
   C. 透明色　　　　　　　　　D. 灰色

2. 发电机的调整器是用来控制(　　)。
   A. 定子线圈的电流量　　　　B. 磁场线圈电流的大小
   C. 磁极的磁力线方向　　　　D. 转子的输出电压

3. 电子点火系统的火花塞间隙通常为(　　)mm。
   A. 0.5~0.6　　　　　　　　B. 0.7~0.8
   C. 1.0~1.5　　　　　　　　D. 1.6~1.8

4. 装在分电器内的霍尔效应曲轴位置传感器，(　　)零件与产生霍尔电压无关。
   A. 永久磁铁　　　　　　　　B. 有遮片、凹槽的圆盘
   C. 分火头　　　　　　　　　D. 霍尔IC

三 判断题

1. 从蓄电池的充电指示器，可判断蓄电池是否需要更换。（　　）
2. 起动机是以小电流以控制大电流进入电动机本体。（　　）
3. 交流发电机的磁场线圈装在转子内。（　　）

四 简答题

1. 试述蓄电池的功用。

2. 起动机是由哪三大部分组成?

3. 试述充电系统的功用。

4. 点火系统有哪三个主要功能?

5. 试述点火线圈的功用。

单元10

发动机的分解与装配

- **知识目标：**

    1. 了解发动机组装时的注意事项；
    2. 掌握发动机分解与装配的基本理论。

- **能力目标：**

    1. 初步具备安全生产的能力；
    2. 熟练掌握发动机分解与装配的工具和设备的使用方法；
    3. 能熟练进行发动机的分解及装配。

- **建议学时：**

    6学时。

10.1 发动机的分解

10.1.1 发动机的说明

本节所采用的发动机为汽油喷射式、排气量为1.8L、单凸轮轴四缸16气门、点火顺序为1-3-4-2的发动机。

10.1.2 发动机分解

❶ 拆开各插座及接头

（1）拆开各传感器、执行器等的导线插座,如图10-1所示。

（2）也拆开搭铁线线头、主高压线线头等。

图10-1 各导线插座及接头的位置

❷ 清洁发动机外表

（1）盖住或先拆下分电器、发电机等电器零件。

（2）盖住进气歧管入口、分电器插入口及通风口等。

（3）将发动机外表的污垢清洁干净。

❸ 将发动机装在发动机分解架上

（1）发动机尚未装上发动机分解架上之前,必须先拆卸排气管侧的部分零件,拆卸的顺序及零件名称如图10-2所示。

（2）将发动机装到发动机分解架上。

采用螺栓孔的位置,如图10-3所示箭头所指处。

发动机分解架所附零件如臂杆、安装板的组合方式,如图10-4所示。

最后将发动机装到发动机分解架上,如图10-5所示。

❹ 拆卸发动机周边的附属零件

（1）发动机周边附属零件的拆卸顺序,如图10-6所示的编号顺序。

（2）此时顺便泄放机油。

图10-2 零件拆卸的顺序及其名称

图10-3 采用螺栓孔的位置

图10-4 发动机分解架零件的组合方式

图10-5 发动机装到发动机分解架上

图10-6 发动机周边附属零件的拆卸顺序

❺ 拆卸正时皮带

（1）要把正时皮带拆下来，必须先拆卸其附近的零件，拆卸的顺序及零件名称如图10-7所示。

图10-7　正时皮带的拆卸顺序

（2）拆卸正时皮带时应注意事项。

拆卸正时皮带前，应先检视曲轴皮带轮及凸轮轴皮带轮处的相对记号，如图10-8所示。

拆卸正时皮带前，应在正时皮带上做旋转方向的记号，以便以相同方向装回，如图10-9所示。

图10-8　对正记号的位置　　图10-9　正时皮带上做旋转方向的记号

正时皮带取下前，应先放松张紧轮的固定螺栓。

❻ 汽缸盖拆卸与分解

（1）汽缸盖的拆卸顺序按图10-10所示①②③的顺序，直接将整个汽缸盖总成拆下，不事先拆卸摇臂及轴总成以及凸轮轴，通常是在只更换汽缸垫时采用这种方法。

图10-10 汽缸盖的拆卸顺序与分解

分2~3次才完全放松汽缸盖的固定螺栓，螺栓的放松顺序如图10-11所示。必须等发动机冷却后才能进行拆卸的工作。

图10-11 汽缸盖固定螺栓的放松顺序

（2）分解摇臂及轴总成。

在尚未拆下汽缸盖前，先将摇臂及轴总成拆下。其固定螺栓的放松顺序如图10-12所示，分数次放松。

摇臂及轴总成分解后，应将各零件编号或依序排列以便原位置装回。摇臂内的油压间隙调整器，非必要时不可取下，以免因O形环损坏而导致漏油,如图10-13所示。

图10-12 摇臂及轴总成固定螺栓的放松顺序

图10-13 摇臂内的油压间隙调整器

(3)取下凸轮轴。

在尚未拆下汽缸盖前,先将凸轮轴拆下。使用开口扳手固定凸轮轴,再以梅花扳手或套筒放松凸轮轴皮带轮中央的固定螺栓,如图10-14所示。

取下皮带轮后,再取出凸轮轴后端的止推片,即可取下凸轮轴。

(4)分解气门。

使用气门弹簧钳及其配件,压缩上气门弹簧座,如图10-15所示。用尖嘴钳取出气门锁夹后,放松气门弹簧钳,然后取下上气门弹簧座、气门弹簧、下气门弹簧座及气门等。

图10-14 放松凸轮轴皮带轮中央的固定螺栓

气门等各零件取下后,应加以编号或依序排列,以便按原位置装回。

使用气门油封拆除器取下气门油封,如图10-16所示。

图10-15 使用气门弹簧钳分解气门

图10-16 取下气门油封

气门导管在发动机分解时通常是不拆下的。

7 拆卸汽缸体的外部零件

(1)拆卸汽缸体的外部零件,其顺序及零件名称如图10-17所示。

曲轴后端若是装用飞轮及离合器总成,表示是采用手动变速器;如果曲轴后端是装用驱动板,则表示是采用自动变速器。

机油泵装在前盖内,由曲轴直接驱动。

图10-17 汽缸体外部零件的拆卸顺序

(2)拆卸汽缸体外部零件的方法及应注意事项。

①拆卸曲轴皮带轮:

a. 使用止挡器固定飞轮或驱动板,使曲轴不能转动,如图10-18所示,再拆下曲轴皮带轮的固定螺栓。

b. 曲轴皮带轮不易取下时,可采用拉出器帮助拉出,如图10-19所示。

图10-18 以止挡器固定飞轮

图10-19 以拉出器拆卸曲轴皮带轮

②拆卸离合器总成：

a. 使用止挡器固定飞轮，再依对角方式，分2~3次放松离合器的固定螺栓，如图10-20所示。

b. 取下离合器及离合器片，注意离合器压板及离合器片均不可沾到油污。

③拆卸飞轮或驱动板：

a. 使用止挡器固定飞轮或驱动板，如图10-21a)、b)所示。

b. 以对角方式放松固定螺栓，取下飞轮或驱动板。

图10-20 离合器固定螺栓的放松顺序

图10-21 以止挡器固定飞轮或驱动板

④拆卸油底壳及主轴承支撑板：

a. 主轴承支撑板是介于油底壳与发动机体之间，因此取下油底壳的固定螺栓后，以适当的工具插入油底壳与主轴承支撑板之间，以取下油底壳，如图10-22 a)所示；取下锁在主轴承盖的固定螺栓后，以适当工具插入主轴承支撑板与发动机体之间，以取下主轴承支撑板，如图10-22 b)所示。

图10-22 撬开油底壳及主轴承支撑板

b. 应选择较宽且薄的插入工具，且撬动时不可过度用力，以免插入处表面受损或变形。必要时分数处分别撬动。

⑤拆卸前、后油封：

a. 螺丝刀用布包住，以拆卸前、后油封，如图10-23所示。

b. 在对角位置分别轻敲,以取下油封。

a) 拆卸前油封   b) 拆卸后油封

图 10-23 拆卸前、后油封

❽ **拆卸汽缸体的内部零件**

(1) 拆卸汽缸体的内部零件,其顺序及零件名称如图 10-24 所示。不过,除非要更换活塞或连杆,否则通常活塞销是不用拆下的。

图 10-24 汽缸体内部零件的拆卸顺序

（2）拆卸汽缸体内部零件的方法及应注意事项。

①拆卸连杆与活塞总成：

a. 拆卸前，先检查连杆大头轴承盖与连杆间的相对记号，以及连杆与活塞总成的朝向，曲轴皮带轮端的记号，若没有，应先做上记号；必要时，并将各活塞依缸数编号。

b. 放松固定螺母，取下连杆大头轴承盖，然后使用锤子木柄，将连杆与活塞总成从汽缸体顶部推出，如图10-25所示。

②拆卸活塞环：

a. 使用活塞环拆装钳拆下活塞环，如图10-26所示。

b. 活塞环开口不可过度扩张，取下的活塞环应予编号或依缸数排列。

图10-25　用锤子木柄将连杆与活塞总成推出

③拆卸曲轴：

a. 分2~3次才完全放松主轴承盖的固定螺栓，螺栓的放松顺序如图10-27所示。

图10-26　拆卸活塞环

图10-27　主轴承盖固定螺栓的放松顺序

b. 必要时将主轴承盖编号，并做上方向性记号。

c. 主轴承片若有取下，应依序编号；并注意上主轴承片有机油槽及油孔，而下主轴承片则无。

10.2　发动机的装配

10.2.1　发动机组装注意事项

（1）必须使用新的发动机大修包内的各种垫片及油封。

（2）组装前各滑动及旋转部位都应先加机油润滑。

（3）特别注意各零件的安装方向及位置的正确性。

（4）各螺栓、螺母、垫圈应按原位置装回。

（5）依规定顺序及力矩锁紧各螺栓、螺母。

10.2.2 发动机组装

一、组装汽缸体的内部零件

1 组装汽缸体的内部零件

依拆卸时的相反顺序组装汽缸体的内部零件。图10-28所示为各螺栓、螺母规定的拧紧力矩,其单位为牛·米,即N·m,以及需要用机油润滑之处。

图10-28 螺栓、螺母规定的拧紧力矩与应润滑之处

❷ 组装汽缸体内部零件的顺序、方法及应注意事项

（1）组装曲轴。

有机油槽及油孔的上主轴承片，依编号及一定方向装在汽缸体上，同时装上两片止推片，注意止推片上的油槽应向外装，如图10-29所示。

图10-29 安装上主轴承片及止推片

曲轴装在汽缸体上，下主轴承片也依编号及一定方向装在主轴承盖上，然后将各主轴承盖依编号及记号装回汽缸体，分2~3次将主轴承盖的固定螺栓锁紧，螺栓的锁紧顺序如图10-30所示。

图10-30 主轴承盖固定螺栓的锁紧顺序

（2）组装活塞环。

用手组装组合式的油环，如图10-31 a)所示；其上、下合金钢片与弹性衬环的相关位置，如图10-31 b)所示。

图10-31 组合式油环与各零件的相关位置

143

使用活塞环拆装钳组装第二及第一道活塞环,环上有字的面必须朝上,并注意第二与第一道环的断面形状不一样,不同排气量的第一道环的断面形状也不一样,如图10-32所示。

(3)组装连杆与活塞总成。

先将各环的开口,如图10-33所示错开。

图10-32 组装第一及第二道活塞环　　　　图10-33 各环的开口位置

用活塞环压缩器将环压入环槽内,然后将连杆与活塞总成从汽缸体顶部装入,如图10-34 a)所示,注意活塞上F记号应朝向曲轴皮带轮,如图10-34 b)所示。

图10-34 连杆与活塞总成的安装及方向

依连杆大头轴承盖与连杆间的组装记号组装,然后将固定螺母依规定力矩拧紧,如图10-35所示。

图10-35 连杆大头轴承盖与连杆的组装记号

二、组合汽缸体的外部零件

❶ 组合汽缸体的外部零件

依拆卸时的相反顺序组装汽缸体的外部零件。图 10-36 所示为各螺栓规定的拧紧力矩、需要用机油润滑之处以及必须使用硅密封剂之处。

图 10-36 规定的拧紧力矩、应润滑及施加硅密封剂之处

❷ 组装汽缸体外部零件的顺序、方法及注意事项

（1）组装后盖。

在新的后油封外缘涂上少量机油，用手将后油封轻轻推入，再用油封压入工具将后油封压至与后盖的上缘等高，如图 10-37 所示。

在粗黑线处涂上硅密封剂，如图 10-38 a) 所示；然后将后盖装上发动机体，如图 10-38 b) 所示，记住在油封唇部涂泵油。

（2）组装前盖。

在新的前油封外缘涂上少量机油，用手将前油封轻轻推入，再用油封压入工具将前油封压至与前盖的上缘等高，如图 10-39 所示。

图 10-37 压入后油封

图10-38 涂上硅密封剂与安装后盖

图10-39 压入前油封

将前盖装到汽缸体上,其固定螺栓如图10-40a)箭头所指的位置;然后将凸出的垫片切除,如图10-40b)所示。记得在油封唇部涂机油。

(3)组装主轴承支撑板。

在汽缸体的接合面上八处箭头所指的地方,涂上硅密封剂,如图10-41 a)所示;然后在主轴承支撑板的接合面上,沿着螺栓孔的内侧,连续涂布珠状硅密封剂,如图10-41 b)所示的黑线。

图10-40 安装前盖与垫片切除

图10-41 在接合面上涂布硅密封剂

接着将主轴承支撑板装到汽缸体上,分2~3次锁紧固定螺栓,其拧紧顺序如图10-42所示。

（4）组装油底壳。

先装机油滤网,如图10-43所示。

图10-42　主轴承支撑板固定螺栓的锁紧顺序

图10-43　装机油滤网

条状油封先涂上硅密封剂,再装到汽缸体的前、后端,油封中央的凸出部分嵌入前盖与后盖的凹口处,并注意油封两端的摆放情形,如图10-44所示。

图10-44　油封涂抹硅密封剂与摆放情形

沿着螺栓孔的内侧,连续涂布珠状硅密封剂,并且密封剂两端应连接,如图10-45所示的黑线。然后将油底壳装回汽缸体。

（5）组装飞轮或驱动板。

先装上后端板,如图10-46所示。

将飞轮装到曲轴上,使用止挡器固定飞轮,分2~3次锁紧固定螺栓,螺栓的锁紧顺序如图10-47所示。

将驱动板及其零件装到曲轴上,如图10-48 a)所示;使用止挡器固定驱动板,分2~3次锁紧固定螺栓,螺栓的锁紧顺序如图10-48 b)所示。

图10-45　油底壳涂布硅密封剂的方法

图 10-46 装上后端板　　　图 10-47 飞轮固定螺栓的锁紧顺序

图 10-48 安装驱动板及其固定螺栓的锁紧顺序

（6）组装离合器总成。

离合器片依正确方向装入。

装上离合器，离合器中央以离合器轴或同尺寸的假轴插入，然后依对角方式锁紧离合器的固定螺栓，如图 10-49 所示。

（7）组装曲轴皮带轮。

止挡器逆向固定飞轮，如图 10-50 所示。

图 10-49 使用离合器轴固定离合器　　　图 10-50 止挡器逆向固定飞轮

装上曲轴皮带轮及固定螺栓,注意皮带轮的安装方向;另外,如果定位用的方形键取下,装回时,其锥面应向前,如图10-51所示。

三、组合汽缸盖

1 组装汽缸盖

依拆卸时的相反顺序组装汽缸盖。图10-52所示为各螺栓规定的拧紧力矩、需要用机油润滑之处以及必须使用硅密封剂之处。

图10-51 方形键的安装方向

图10-52 规定的拧紧力矩、应润滑及施加硅密封剂之处

❷ 组装汽缸盖的顺序、方法及应注意事项

（1）组装气门。

装上气门油封：装上上、下气门弹簧座及气门弹簧，气门弹簧有疏、密之分，较密的一端朝向汽缸盖，如图10-53所示。

使用气门弹簧钳及其配件，压缩气门弹簧，以便装入气门锁夹，如图10-54所示。装完后，气门尾端应用橡胶锤轻敲，来确定气门锁夹已进入定位。

图10-53 气门弹簧的安装方向　　　　图10-54 装入气门锁夹

（2）组装汽缸盖。

装上新的汽缸垫，如图10-55 a)所示，注意其方向性。

装上汽缸盖，分2~3次拧紧汽缸盖的固定螺栓，螺栓的拧紧顺序如图10-55 b)所示。

图10-55 新汽缸垫及汽缸盖固定螺栓的拧紧顺序

图10-56 插入凸轮轴的止推片

（3）组装凸轮轴及皮带轮。

凸轮轴装入汽缸盖内，并插入止推片，如图10-56所示。

使凸轮轴的定位销朝上，皮带轮的销槽也朝上，然后装上凸轮轴皮带轮，此时顶端与右侧的相对记号均刚好对正，如图10-57所示。

接着使用适当的开口扳手固定凸轮轴，来锁紧皮带轮的固定螺栓，如图10-58所示。

发动机的分解与装配

图10-57 销槽及定位销朝上时安装凸轮轴皮带轮

图10-58 锁紧凸轮轴皮带轮

（4）组装摇臂及轴总成。

依序组装进气门、排气门的摇臂及轴总成，摇臂轴的识别记号面应朝上，如图10-59所示。进、排气摇臂轴的识别记号分别是白色、蓝色。

将整个总成与汽缸盖组装在一起，其固定螺栓的拧紧顺序如图10-60所示。

图10-59 摇臂轴上的识别记号

图10-60 摇臂轴固定螺栓的拧紧顺序

（5）组装节温器及盖。

节温器上排空气用的钩阀必须朝上，如图10-61 a)所示。

新垫片的印刷面朝向节温器盖，再锁紧节温器盖，如图10-61 b)、c)所示。

a)

b)

c)

图10-61 钩阀及垫片的安装方向

四、组合正时皮带及盖

❶ 组合正时皮带及盖

依拆卸时的相反顺序组装正时皮带及盖。图10-62所示为各螺栓规定的拧紧力矩。

图10-62 各螺栓规定的拧紧力矩

❷ 组装正时皮带及盖的顺序、方法及应注意事项

（1）安装正时皮带。

装上张紧轮及张紧轮弹簧，并在弹簧完全伸张的状态下，先暂时锁紧张紧轮，如图10-63所示。

图10-63 暂时锁紧张紧轮

使曲轴皮带轮的缺口与正时记号相对,如图10-64 a)所示;并确定凸轮轴皮带轮处的相对记号也都对正,如图10-64 b)所示。

图10-64　使所有记号均对正

装上正时皮带,注意皮带的张力侧应无松弛情形,如图10-65所示。并注意正时皮带是否依旋转方向安装。

然后顺时针方向旋转曲轴两圈,检查相对记号是否正确,如图10-66 a)所示;若正确,则放松张紧轮的固定螺栓,使张紧轮对正时皮带加压,然后锁紧张紧轮的固定螺栓,如图10-66 b)所示。

再顺时针方向旋转曲轴两圈后,正时皮带张力侧的中间,以98N的力压下,皮带的偏移量应在11~13mm,如图10-67所示。

图10-65　安装正时皮带

图10-66　再检查相对记号与调整正时皮带张力

（2）安装正时皮带盖、曲轴皮带轮及水泵皮带轮。
装上正时皮带上盖及下盖,如图10-68所示。

图10-67 检查正时皮带的偏移量

图10-68 安装正时皮带上盖、下盖

装上正时皮带内导片及外导片,注意内导片的安装方向,如图10-69 a)所示;接着装上曲轴皮带轮及固定片,锁紧固定螺栓,如图10-69 b)所示。

图10-69 安装内导片、外导片、曲轴皮带轮及固定片

装上水泵皮带轮,如图10-70所示。

图10-70 安装水泵皮带轮

五、组合发动机周边的附属零件

1 组合发动机周边的附属零件

依拆卸时的相反顺序组装发动机周边的附属零件。图10-71所示为各螺栓、螺母规

定的拧紧力矩及需要润滑之处。

图10-71 规定的拧紧力矩及需要润滑之处

❷ 组装发动机周边附属零件的顺序、方法及应注意事项

（1）安装各附属零件。

装上前、后发动机吊钩，如图10-72所示。

装上火花塞及机油尺，如图10-73所示。

图10-72 装上前、后发动机吊钩

图10-73 装上火花塞及机油尺

装泵油压力开关，如图10-74所示。

在机油滤清器橡皮封环涂上机油，用手将滤清器转到与底座接触时，再用机油滤清器扳手转动7/6转，如图10-75所示。

图10-74 装上机油压力开关

图10-75 使用机油滤清器扳手锁紧滤清器

装上3号发动机支座及发电机托架,如图10-76所示。

装上发电机及发电机皮带,在Ⓐ、Ⓑ两个螺栓未拧紧前,将发电机向外扳离汽缸体,当Ⓒ处用98N的力下压,偏移量为8~10mm时,将发电机固定螺栓Ⓐ及皮带紧度调整螺栓Ⓑ锁紧,如图10-77所示。

图10-76 装上3号发动机支座及发电机托架

图10-77 发电机皮带紧度的调整

（2）安装进气歧管总成。

先装上喷油器、输油管及电线束组,如图10-78所示。

再装上进气歧管。

（3）最后在O形环涂上机油后,装入分电器,如图10-79所示。

图10-78 安装喷油器、输油管及电线束组

图10-79 安装分电器

六、组装排气管侧的零件

❶ 组装排气管侧的零件

先将发动机从发动机分解架上吊下来,然后依拆卸时的相反顺序组装排气管侧的零件。图10-80所示为各螺栓、螺母规定的拧紧力矩。

图10-80 各螺栓、螺母规定的拧紧力矩

❷ 组装排气管侧零件的顺序、方法及应注意事项

(1)装上进水管及冷却液旁通管,旁通管上的O形环应涂上冷却液,如图10-81所示。

图10-81 装上进水管及冷却液旁通管

（2）装上排气管托架及空调压缩机托架，如图10-82所示。

（3）装上排气歧管及排气歧管隔热板，如图10-83所示。

图10-82 装上排气管托架及空调压缩机托架

图10-83 装上排气歧管及排气歧管隔热板

理论测试

一、填空题

1. 拆卸正时皮带前，应先检视 _____ 及 _____ 处的相对记号。

2. 拆卸气门时，使用气门弹簧钳及其配件，压缩上气门弹簧座，用尖嘴钳取出 _____ 后，放松气门弹簧钳，然后取下上气门弹簧座、气门弹簧、下气门弹簧座及气门等。

3. 拆卸离合器总成时，使用止挡器固定飞轮，再依对角方式，分 _____ 次放松离合器的固定螺栓。

4. 拆卸连杆与活塞总成时，拆卸前，先检查 _____ 与 _____ 间的相对记号，以及连杆与活塞总成的朝向曲轴皮带轮端的记号，若没有，应先做上记号；必要时，并将各活塞依缸数编号。

5. 活塞、曲轴、凸轮轴、轴承片等为精密表面的零件，必须使用 _____ 清洗表面。
6. 电器零件如分电器、发电机、起动机、高压线、火花塞及橡胶管等，不可用 _____ 清洗。

二 选择题

1. (　　)不必分2~3次放松固定螺栓。
   A. 摇臂及轴总成　　　　　　　　B. 汽缸盖
   C. 凸轮轴皮带轮　　　　　　　　D. 主轴承盖
2. 装配发动机时,(　　)一定要换新。
   A. 螺栓　　　　　　　　　　　　B. 垫片及油封
   C. 垫圈　　　　　　　　　　　　D. 螺母
3. 安装活塞环时,下述错误的是(　　)。
   A. 先装第一道环　　　　　　　　B. 环上有字的面向上装
   C. 组合式油环不必使用活塞环拆装钳　　D. 刮油式为第二道环
4. 安装活塞与连杆总成时,下述做法错误的是(　　)。
   A. 各活塞环的开口均应相互错开　　B. 总成从汽缸顶部装入
   C. 活塞环开口应避免在销孔面处　　D. 活塞上F字母朝向变速器
5. 安装活塞与连杆总成时,会使用(　　)工具。
   A. 气门弹簧钳　　　　　　　　　B. 活塞环拆装钳
   C. 拉出器　　　　　　　　　　　D. 活塞环压缩器
6. 正时皮带的张力应调整为98N的力向下压,有(　　)mm的变形量。
   A. 3~6　　　　　　　　　　　　 B. 11~13
   C. 16~18　　　　　　　　　　　 D. 20~22

三 判断题

1. 分解发动机时，通常是把发动机周边的零组件先拆下。　　　　　　　　(　　)
2. 放松摇臂及轴总成固定螺栓的顺序，是由内往外。　　　　　　　　　　(　　)
3. 组合发动机时，螺栓及垫片都必须换新。　　　　　　　　　　　　　　(　　)
4. 安装气门弹簧时，弹簧较疏一端向下装。　　　　　　　　　　　　　　(　　)
5. 各主轴承盖有一定的位置，且有方向性。　　　　　　　　　　　　　　(　　)
6. 无油槽及油孔的主轴承片，应装在汽缸体上。　　　　　　　　　　　　(　　)
7. 安装活塞与连杆总成时，活塞上的F字母应朝向飞轮端。　　　　　　　 (　　)
8. 连杆大头轴承盖与连杆的号码或记号必须在同一侧。　　　　　　　　　(　　)
9. 安装正时皮带后，必须接着调整正时皮带的张力。　　　　　　　　　　(　　)
10. 安装机油滤清器前，其橡皮封环必须涂上机油。　　　　　　　　　　　(　　)
11. 发电机皮带紧度调整，是以196N的力下压，皮带偏移量8~10mm为正常。(　　)

技能测试

一、拆卸及安装正时皮带（表10-1）

拆卸及安装正时皮带　　　　　　　　　　　表10-1

姓名：_____　　班级：_____　　学号：_____　　得分：_____

测试项目		测试		备注
		满分	得分	
完成时间	（　）min（　）s，限时30min			
（一）工作技能	1. 是否依正确的顺序先拆下正时皮带以外的周边零件	12分	（　）	
	2. 正时皮带拆下前有无做旋转方向记号	10分	（　）	
	3. 正时皮带安装方向是否正确	10分	（　）	
	4. 正时皮带安装后各相对记号是否都对正	16分	（　）	
	5. 正时皮带的张力调整是否正确	16分	（　）	
	6. 正时皮带的内导片方向是否正确	12分	（　）	
	7. 是否依正确顺序安装正时皮带以外的周边零件	12分	（　）	
	8. 正时皮带机构有无保持干净无油污	12分	（　）	
（二）工作安全与态度（采取扣分方式）	1. 有不安全或不正确动作	扣4~12分	（　）	
	2. 损坏工作物	扣4~12分	（　）	
	3. 工具、仪器使用后未归定位	扣4~12分	（　）	
	4. 工作区未维持整洁	扣4~12分	（　）	
	5. 服装仪容不整	扣4~12分	（　）	
合计		100分	（　）	

二 拆卸、分解、组合及安装汽缸盖（表10-2）

拆卸、分解、组合及安装汽缸盖　　　　　表10-2

姓名：_____　　班级：_____　　学号：_____　　得分：_____

测试项目		测试		备注
		满分	得分	
完成时间	（　）min（　）s，限时30min			
（一）工作技能	1. 摇臂及轴总成固定螺栓的放松顺序是否正确	8分	（　）	
	2. 是否正确拆下凸轮轴及皮带轮	8分	（　）	
	3. 汽缸盖固定螺栓正确分2~3次及顺序放松	12分	（　）	
	4. 气门的分解方法正确（指定2个气门）	8分	（　）	
	5. 气门的组合方法正确，气门弹簧的安装方向正确	12分	（　）	
	6. 汽缸垫是否换新	6分	（　）	
	7. 汽缸盖固定螺栓正确分2~3次及顺序锁紧，螺栓力矩值正确	16分	（　）	
	8. 正确组合凸轮轴及皮带轮	10分	（　）	
	9. 正确安装摇臂及轴总成，螺栓拧紧顺序及力矩正确	8分	（　）	
	10. 有无清洁及润滑	12分	（　）	
（二）工作安全与态度（采取扣分方式）	1. 有不安全或不正确动作	扣4~12分	（　）	
	2. 损坏工作物	扣4~12分	（　）	
	3. 工具、仪器使用后未归定位	扣4~12分	（　）	
	4. 工作区未维持整洁	扣4~12分	（　）	
	5. 服装仪容不整	扣4~12分	（　）	
合计		100分	（　）	

三 分解及组合发动机体的内部零件（表10-3）

分解及组合发动机体的内部零件　　　　表10-3

姓名：_____ 班级：_____ 学号：_____ 得分：_____

测试项目		测试		备注
		满分	得分	
完成时间	（　）min（　）s，限时30min			
（一）工作技能	1. 正确拆下连杆与活塞总成	8分	（　）	
	2. 正确取下活塞环	6分	（　）	
	3. 主轴承盖固定螺栓正确分2~3次及顺序放松	10分	（　）	
	4. 主轴承片、止推片、主轴承盖的安装位置及方向均正确	12分	（　）	
	5. 主轴承盖固定螺栓正确分2~3次及顺序锁紧，螺栓力矩值正确	10分	（　）	
	6. 正确组合活塞环	8分	（　）	
	7. 活塞环的安装方向、位置及开口位置均正确	12分	（　）	
	8. 正确安装连杆与活塞总成，螺母力矩值正确	10分	（　）	
	9. 连杆与活塞总成的安装方向、记号等均正确	12分	（　）	
	10. 有无清洁及润滑	12分	（　）	
（二）工作安全与态度（采取扣分方式）	1. 有不安全或不正确动作	扣4~12分	（　）	
	2. 损坏工作物	扣4~12分	（　）	
	3. 工具、仪器使用后未归定位	扣4~12分	（　）	
	4. 工作区未维持整洁	扣4~12分	（　）	
	5. 服装仪容不整	扣4~12分	（　）	
合计		100分	（　）	

单元11

空气系统与汽油机燃料供给系统的维修

◆ 知识目标：

1. 了解空气系统和汽油机燃料供给系统维修时的注意事项；
2. 掌握空气系统和汽油机燃料供给系统维修的基本理论。

◆ 能力目标：

1. 具备安全生产的能力；
2. 能熟练进行空气滤清器、节气门体、汽油泵、喷油器的清洁和更换；
3. 能熟练进行汽油滤清器的更换；
4. 能熟练进行喷油器的检查。

◆ 建议学时：

8学时。

11.1 空气滤清器的清洁或更换

一、取下空气滤芯、检查及清洁

（1）拆下空气滤清器盖的固定螺栓，打开空气滤清器盖，如图11-1所示。

（2）取下空气滤芯。

干纸式空气滤芯脏了可使用空气枪，用压缩空气吹净，如图11-2所示。

合成纤维布式空气滤芯，用半干性油浸过，灰尘会黏附在滤芯上，故不可以压缩空气吹净，必须换新的，如图11-3所示。

图11-1 打开空气滤清器盖

图11-2 干纸式空气滤芯用压缩空气吹净

图11-3 浸油式空气滤芯不可用压缩空气吹净

二、装上空气滤芯

（1）清洁空气滤清器底座上的灰尘及污垢。

（2）装上已清洁或换新的空气滤芯。

（3）装回空气滤清器盖子。

11.2 节气门体的清洗或更换

一、节气门体拆卸

（1）泄放发动机冷却液。

（2）拆卸节气门体周围的拉线、软管等，如图11-4所示。

拆卸与自动变速器(A/T)连接的节气拉线。
拆卸与加速踏板连接的节气门拉线。
拆卸连接空气滤清器的软管。
拆卸冷却液管、曲轴箱通风管及三条真空软管。
拆卸节气门位置传感器的接头。
(3)拆下节气门体,如图11-5所示。

图11-4 拆卸节气门体周围的拉线、软管等

二、节气门体清洗

(1)使用化油器清洗剂与软质毛刷清洗,并用压缩空气吹净,如图11-6所示。

图11-5 拆下节气门体

图11-6 使用压缩空气吹净

(2)清洗部位包括节气门体内部、节气门、旁通道及空气阀的通道等;但节气门位置传感器不可用化油器清洗剂喷洗。

三、节气门体安装

(1)更换新的垫片,装回节气门体。
(2)依拆卸的相反顺序,装回节气门体周围的拉线、软管及导线接头,并添加冷却液。
(3)起动发动机,检查怠速是否正确及与节气门连动的两条拉线作用是否正常。

11.3 汽油滤清器的更换

一、汽油滤清器的位置

汽油滤清器装在发动机舱内,位于从电动汽油泵来的油管与喷油器输油管(燃油共轨)之间。

二、汽油滤清器的拆卸

(1)汽油喷射式发动机的汽油滤清器内有余压,因此在拆卸前先做汽油压力释放。
①取下汽油泵熔断丝,或取下后座椅,拔下汽油泵的导线束接头。
②起动发动机。

图11-7 将油盆置于汽油滤清器下方

③发动机熄火后,再起动起动机,发动机应不能起动,以确定油压已完全释放。

④点火开关转至"OFF"位置,并装回汽油泵熔断丝或导线束接头。

(2)但有些发动机,如 Toyota Corona 的 4A-FE 汽油喷射发动机,并未要求做汽油压力释放。

但拆开进油管前,必须将油盆置于接头底下,并将拆开的接头用橡皮塞塞住,如图11-7所示。再拆开上端的出油管接头,即可拆下汽油滤清器。

三、汽油滤清器安装

(1)装上新的汽油滤清器,然后更换完所有的垫片后,装回进、出油管接头,如图11-8所示。

(2)起动发动机,检查油管接头是否漏油。

图11-8 换新垫片

11.4 喷油器的检查、清洗或更换

(1)拔下喷油器插线,用万用表测量喷油器线圈电阻值,如图11-9所示;高阻型为 11~17Ω,且每个汽缸的喷油器电阻值都应相同。

图11-9 喷油器电磁线圈电阻的测量

（2）给每个喷油器线圈通上蓄电池电压，应能听到清脆的吸合声，每次通电的时间要短，以免喷油器线圈过热而烧毁。

（3）将喷油器连同供油总管一起拆下来，并用铁丝将喷油器和供油总管进行固定，给电动燃油泵通电，在油压正常的情况下，喷油器的漏油量为1滴/min，如图11-10 a)所示。

（4）接着进行喷油量及喷油效果检查，在喷油器下方放置量杯，给喷油器通电15s，喷油量应为50~60mL，同时观察喷出来的油应该是形成一定锥度的均匀雾状，如图11-10 b)所示。

图11-10 喷油器喷油量的检查

如果喷油器漏油量偏多或喷油质量不佳，可对喷油器进行清洗；将喷油器从车上拆下来后，装到喷油器清洗机上清洗，然后再进行检测，如果还不能恢复正常，则需要更换新件。

11.5 汽油泵的检查和更换

汽油喷射式发动机汽油泵的位置：汽油喷射式发动机的汽油泵通常都是装在汽油箱内。

汽油泵的检查如下。

一、保持压力检查

先做汽油压力释放。

掀开后座椅，拆开汽油泵接头，如图11-11所示。

起动发动机至熄火后，将点火开关置于"OFF"位置，并接回汽油泵接头。

图11-11 拆开汽油泵接头

在汽油滤清器的出口端接上油压表,另一端塞住,如图11-12所示。

在诊断接头处以跨接线跨接F/P(汽油泵)与GND(搭铁)两端子,如图11-13所示。

图11-12　接上油压表　　　　　　图11-13　跨接F/P与GND两端子

将点火开关置于"ON"位置,使汽油泵作用10s。

然后将点火开关置于"OFF"位置,并拆掉跨接线。

5min后,检查保持压力。若不符合规定,则更换汽油泵。

二、最大压力检查

油压表的连接方法与做保持压力检查时相同。

也是跨接F/P与GND两端子,在点火开关置于"ON"位置,汽油泵作用时,检查汽油泵的最大压力。若不符合规定,则更换汽油泵。

汽油泵最大压力:441~589kPa。

汽油泵的更换:

(1)先释放管路内的汽油压力。

(2)汽油泵拆卸:掀开后座椅,拆开汽油泵及油面指示传感器的接头,如图11-14 a)所示;并拆开出、回油管及汽油泵总成的固定螺栓,如图11-14 b)所示。取下汽油泵总成。

图11-14　拆开导线接头、油管等

汽油泵总成的分解图如图11-15所示。

图11-15 汽油泵总成的分解图

三、汽油泵安装

更换汽油泵时，其O形环组与密封橡胶必须换新。

汽油泵装至托架后，将汽油泵向下拉，以确定是否定位在托架上，如图11-16所示。

图11-16 确定汽油泵是否定位

装上汽油泵总成，并装回油管及导线接头。

汽油泵装好后，起动发动机，检查汽油泵作用是否正常。

理论测试

一 填空题

1. 干纸式空气滤芯脏了可使用空气枪,用 _____ 吹净。
2. 合成纤维布式空气滤芯,用半干性油浸过,灰尘会黏附在滤芯上,故不可以压缩空气吹净,必须 _____。
3. 拆下喷油器插线,用万用表测量喷油器线圈电阻值,高阻型为 _____ Ω,且每个汽缸的喷油器电阻值都应相同。
4. 进行喷油量及喷油效果的检查时,在喷油器下方放置量杯,给喷油器通电 _____ s,喷油量应为 _____ mL,同时观察喷出来的油应该是形成一定锥度的均匀雾状。

二 选择题

1. 当空气滤芯测试器指针指在( )范围时,表示必须注意,滤芯可能部分阻塞。
   A. 绿色　　　　　　　　　　B. 黄色
   C. 红色　　　　　　　　　　D. 蓝色
2. 下列叙述错误的是( )。
   A. 干纸式空气滤芯可清洁后再用　　B. 滤纸式空气滤芯不可清洁
   C. 空气滤芯应定期检查　　　　　　D. 以目测方式决定空气滤芯是否需要更换
3. 更换汽油喷射式发动机的汽油滤清器时,应先( )。
   A. 拆开压力调整器处接头　　　　　B. 进行汽油压力释放
   C. 抽干汽油箱内汽油　　　　　　　D. 起动发动机至工作温度

三 判断题

1. 以空气滤芯测试器测试空气滤芯,指针在黄色区域表示良好。　　　　　　(　)
2. 空气滤芯以目测即可知道堵塞与否。　　　　　　　　　　　　　　　　　(　)
3. 干纸式空气滤芯可以压缩空气吹净。　　　　　　　　　　　　　　　　　(　)
4. 湿纸式空气滤芯脏污时必须直接换新。　　　　　　　　　　　　　　　　(　)
5. 汽油滤清器必须定期更换。　　　　　　　　　　　　　　　　　　　　　(　)
6. 汽油喷射式发动机要做汽油压力释放,是拆开汽油滤清器处汽油管接头。(　)
7. 所谓汽油压力释放,是使汽油泵暂时不动作,然后起动发动机将输油管路内的汽油消耗至发动机不能起动为止。　　　　　　　　　　　　　　　　　　　　　(　)

技能测试

一、空气滤清器的更换（表11-1）

空气滤清器的更换　　　　　　　　　　表11-1

姓名：_____　　班级：_____　　学号：_____　　得分：_____

测试项目		测试		备注
		满分	得分	
完成时间		（　）min（　）s，限时30min		
（一）工作技能	1. 操作顺序是否正确	10分	（　）	
	2. 工具、仪器使用方法是否正确	10分	（　）	
	3. 工具、仪器选择是否正确	20分	（　）	
	4. 安装后发动机能否正常起动	20分	（　）	
	5. 空气滤芯良劣判断是否正确	20分	（　）	
	6. 空气滤芯清洁是否正确	20分	（　）	
（二）工作安全与态度（采取扣分方式）	1. 有不安全或不正确动作	扣4~12分	（　）	
	2. 损坏工作物	扣4~12分	（　）	
	3. 工具、仪器使用后未归定位	扣4~12分	（　）	
	4. 工作区未维持整洁	扣4~12分	（　）	
	5. 服装仪容不整	扣4~12分	（　）	
合计		100分	（　）	

二、节气门体的更换（表11-2）

节气门体的更换　　　　　　　　　　表11-2

姓名：_____　　班级：_____　　学号：_____　　得分：_____

测试项目		测试		备注
		满分	得分	
完成时间		（　）min（　）s，限时30min		
（一）工作技能	1. 正确拆卸节气门体周围的零件	28分	（　）	
	2. 正确拆下节气门体	14分	（　）	
	3. 换新垫片，正确安装节气门体	14分	（　）	

续上表

(一)工作技能	4. 正确装回节气门体周围的零件	28分	( )	
	5. 发动机起动及运转正常	16分	( )	
(二)工作安全与态度(采取扣分方式)	1. 有不安全或不正确动作	扣4~12分	( )	
	2. 损坏工作物	扣4~12分	( )	
	3. 工具、仪器使用后未归定位	扣4~12分	( )	
	4. 工作区未维持整洁	扣4~12分	( )	
	5. 服装仪容不整	扣4~12分	( )	
合计		100分	( )	

三 汽油滤清器及汽油泵的更换（表11-3）

汽油滤清器及汽油泵的更换　　　　　　表11-3

姓名：_____　　班级：_____　　学号：_____　　得分：_____

测试项目		测试		备注
		满分	得分	
完成时间	( )min ( )s，限时30min			
(一)工作技能	1. 是否先释放汽油压力	20分	( )	
	2. 汽油滤清器接头的垫片是否换新	10分	( )	
	3. 接头的螺栓力矩是否正确	10分	( )	
	4. 分解及组合汽油泵否正确	20分	( )	
	5. 封环是否换新	10分	( )	
	6. 发动机能否起动及持续运转	20分	( )	
	7. 汽油滤清器的接头是否漏油	10分	( )	
(二)工作安全与态度(采取扣分方式)	1. 有不安全或不正确动作	扣4~12分	( )	
	2. 损坏工作物	扣4~12分	( )	
	3. 工具、仪器使用后未归定位	扣4~12分	( )	
	4. 工作区未维持整洁	扣4~12分	( )	
	5. 服装仪容不整	扣4~12分	( )	
合计		100分	( )	

单元12

柴油机燃料供给系统的维修

  知识目标:

  1. 了解柴油机燃料供给系统维修时的注意事项;

  2. 掌握喷油正时的校正方法。

  能力目标:

  1. 具备安全生产的能力;

  2. 能熟练进行喷油正时校正;

  3. 能熟练进行喷油器、喷油泵、调速器、输油泵的拆装、分解与装配。

  建议学时:

  14 学时。

12.1 喷油正时的校正

1 线列式喷油泵

（1）根据发动机旋转方向转动曲轴，使第一缸活塞在压缩至上止点前20°的位置，曲轴皮带轮上20° BTDC 的缺口与记号对正，如图12-1所示。

（2）拆下各缸高压油管，如图12-2所示；并拆下调速器橡胶管及加速连杆等。

图12-1 20° BTDC 的缺口与记号对正　　　图12-2 拆下各缸高压油管

（3）拆开喷油泵上方第一与第二缸排气阀套的固定夹，拆下第一缸排气阀套，如图12-3所示。

（4）取下排气阀弹簧，再将第一缸排气阀套装回，如图12-4所示。

图12-3 拆下第一缸排气阀套　　　图12-4 装回第一缸排气阀套

（5）在第一缸排气阀套上安装短的弯曲油管。

（6）放松喷油泵固定螺母，将喷油泵向汽缸体方向推到底，如图12-5所示。

（7）然后，一边操作手动泵，一边慢慢将喷油泵向外拉，直至柴油刚停止从油管流出时，停止移动喷油泵，如图12-6所示，并将喷油泵固定螺母锁紧，此位置即为柴油喷射开始的位置。

（8）检查喷油泵本体侧边的记号，与前盖板处的记号是否对正，若没有对正，重新做记号，如图12-7所示。

| 图12-5 将喷油泵向汽缸体方向推到底 | 图12-6 测试柴油的喷射正时 |

(9)装回排气阀弹簧及排气阀套,如图12-8所示。

| 图12-7 重新做记号 | 图12-8 装回排气阀弹簧及排气阀套 |

(10)以上静态对正时的程序完成后,按相反顺序将各零件装回。

(11)许多六缸以上柴油发动机,其线列式喷油泵的正时器与驱动齿轮间是用连接器(Coupling)连接,且正时记号常做在飞轮处,如图12-9所示。进行喷射正时校正的过程与上述几乎相同,差别只在于:

①对正飞轮处的正时记号。

②喷油泵本体不动,仅需放松连接器处的两个固定螺栓,转动正时器,喷油泵内凸轮轴跟着旋转,即可找出柴油刚停止由油管流出的位置,再将连接器的固定螺栓锁紧即可。

图12-9 大型柴油发动机采用的连接器

2 VE式喷油泵

(1)根据发动机旋转方向转动曲轴,使第一缸活塞在压缩上止点位置。

(2)使用两支扳手拆开各缸高压油管,如图12-10所示。

（3）从 VE 式喷油泵的液压分配头中间拆下螺塞，并装上柱塞行程量表，如图 12-11 所示。

图 12-10　拆下各缸高压油管　　　　图 12-11　装上柱塞行程量表

（4）从第一缸在 TDC 位置，曲轴逆转 20°~25°，检查柱塞行程量表的指示值，然后将量表归零。

（5）接着顺时针转动曲轴，直至第一缸活塞在 8° BTDC 的位置。

（6）检查柱塞行程量表的指示值，见表 12-1。

柱塞行程量表的指示值　　　　表 12-1

VE 喷油泵号码	标准值(mm)	VE 喷油泵号码	标准值(mm)
104749-4000 104749-4080	0.49±0.02	104749-4110 104749-4150	0.57±0.02

图 12-12　检查记号是否对正

（7）若柱塞行程量表指示值不符合上述标准时：若指示值比标准值大时，顺时针旋转喷油泵体调整；若指示值比标准值小时，逆时针旋转喷油泵体调整。

（8）喷射正时调整正确后，锁紧喷油泵固定螺母。

（9）检查喷油泵本体侧边的记号，与前盖板处的记号是否对正，若没有对正，应重新做记号，如图 12-12 所示。

（10）拆下柱塞行程量表，装回螺塞。

依拆卸的相反顺序，装回各零件。

12.2　发动机怠速的调整

1　线列式喷油泵

（1）发动机若在车上时，应先检查节气门拉索操作杆与节气门轴控制杆间的间隙应为 1mm，不符合规定时，转动节气门拉索的调整螺母来调整。

（2）起动发动机，暖车至正常工作温度。

（3）第一缸高压油管接上转速表的感应接头，如图12-13所示。

（4）为了获取更精确的转速读数，可将第一缸高泵油管的固定夹锁紧螺栓拆开，如图12-14所示。

图12-13 接上转速表

图12-14 拆开高压油管固定夹怠速调整

（5）取下空气滤芯，起动发动机，转动怠速调整螺栓，将怠速调整至规定值，怠速转速规定值为750r/min，如图12-15所示。

2 VE式喷油泵

（1）发动机若在车上时，应先检查节气门拉索操作杆销与控制杆间的间隙应为1~2mm，如图12-16所示。不符合规定时，转动节气门拉索的调整螺母来调整。

图12-15 怠速调整螺栓的位置

图12-16 检查及调整节气门拉索操作杆销与控制杆间的间隙

（2）起动发动机，暖车至正常工作温度。

（3）第一缸高压油管接上转速表的感应接头。

（4）为了获取更精确的转速读数，可将第一缸高压油管的固定夹锁紧螺栓拆开，如图12-17所示。

（5）取下空气滤芯，起动发动机，转动怠速调整螺栓，将怠速调整至规定值，怠速转速规定值为750r/min，如图12-18所示。

高压油管固定夹

图 12-17　拆开高压油管固定夹

怠速调整螺栓

图 12-18　怠速调整螺栓的位置

12.3　喷油器的拆装、分解与装配

1 拆卸

（1）拆下各缸高压油管，如图 12-19 所示。

（2）拆下钢制回油管，如图 12-20 所示。

图 12-19　拆下各缸高压油管

回油管
垫片
固定螺母
喷油器
垫片
波状垫片

图 12-20　拆下回油管

（3）拆下喷油器总成，如图 12-21 所示，并用干净的布或擦拭纸盖住喷油孔。

2 安装

（1）按拆卸的相反顺序安装。

（2）垫片必须换新，脉冲整形垫片上有漆的一面朝向喷油器，如图 12-22 所示。

（3）按规定力矩将喷油器总成锁在汽缸盖上。喷油器总成锁在汽缸盖的规定力矩为 60~70N·m。

长筒套筒

图 12-21　拆下喷油器总成

❸ 分解

(1)喷油器总成夹在台虎钳上,放松固定螺母,如图12-23所示。注意:台虎钳钳口应放置软垫片。

图12-22 脉冲整形垫片有漆的面朝向喷油器

图12-23 放松固定螺母

(2)放松喷油嘴架固定螺母,取下喷油嘴、间隔环、推杆、弹簧及调整垫片,如图12-24所示。注意零件必须依序排列,并浸在柴油中,各缸的零件不得混淆。

图12-24 取下喷油嘴等零件

❹ 检查

(1)使用黄铜刷将喷油嘴外表积炭清除干净,并将油针及油针座用柴油洗净。

(2)检查油针针尖及油针座孔是否烧蚀,必要时成对换新。

(3)将喷油嘴倾斜约60°,油针拉出约1/3,如图12-25所示,放手后,油针应以本身重力平顺地滑入本体内,如图12-26所示,将油针转至不同位置,继续测试,结果应相同。

图12-25 喷油嘴测试(一)

图12-26 喷油嘴测试(二)

❺ 组合

（1）按分解的相反顺序组合。

（2）按规定力矩拧紧各螺母（表12-2）。注意各车型的规范略有不同，请查阅各车型维修手册。

各螺母规定拧紧力矩　　　　　　　　表12-2

螺母位置	标准值（N·m）	螺母位置	标准值（N·m）
喷油嘴架固定螺母	40	回油管固定螺母	30
喷油嘴架体上方固定螺母	80~100		

12.4 喷油泵的拆装、分解与装配

12.4.1 线列式喷油泵的拆装与分解、组合

一、拆卸

（1）使用两支扳手拆下各缸在喷油器及喷油泵的高压油管接头，如图12-27所示，并用干净的擦拭纸盖住喷油器及喷油泵的排气阀套。

（2）从喷油泵处拆下调速器橡胶管、油管及节气门拉索等，如图12-28所示。

图12-27 拆下各缸高压油管

图12-28 拆下各橡胶管、油管等零件

（3）拆下正时器驱动齿轮盖，如图12-29所示。

（4）松开正时器圆筒螺母，如图12-30所示。

图12-29 拆下正时器驱动齿轮盖

图12-30 松开正时器圆筒螺母

（5）使用正时器拉出器，将正时器拆下，如图12-31所示。

（6）拆下喷油泵的四个固定螺母，即可取下喷油泵，如图12-32所示。

图12-31 拆下正时器　　　　　图12-32 拆下喷油泵

二、安装

（1）使用新垫片，装上喷油泵本体。

（2）安装正时器。

（3）转动曲轴，使曲轴皮带轮的TDC缺口对正前盖上止点记号，此时第一缸活塞在压缩上止点位置，如图12-33所示。

（4）正时器驱动齿轮上"Y"记号与惰轮上"Y"记号对正，装上正时器，如图12-34所示。若键槽与喷油泵凸轮轴上的键没有对正，则转动曲轴来对正。注意：键上可涂黄油以防止掉落，并在前盖板上铺布来防止键掉入内部。

图12-33 对正上止点记号

（5）使用锁定垫片及圆筒螺母将正时器锁紧，如图12-35所示。

图12-34 驱动齿轮与惰轮的记号对正　　　图12-35 锁紧正时器

三、分解

1 准备

（1）喷油泵必须先做试验，根据试验结果来决定是否要分解及调整喷油泵。

（2）分解喷油泵之前，喷油泵外表必须先彻底清洁干净。

（3）工作台也必须清理干净。

（4）仅准备分解与组合时需要的专用工具。

（5）各缸的零件不可混在一起。

（6）分解线列式喷油泵使用的专用工具如图12-36所示。

图12-36 分解线列式喷油泵使用的专用工具

❷ 分解

（1）将喷油泵装在工作台上，如图12-37所示。

（2）放出喷油泵底部的润滑油。

（3）拆下燃油泵及喷油泵盖板，如图12-38所示。

图12-37 喷油泵装在工作台上

图12-38 拆下燃油泵及喷油泵盖板

（4）暂时将正时器装回喷油泵，转动正时器，使每缸举杆都在上止点时，在举杆的固定螺母与调整螺栓间插入定位片，如图12-39所示。若定位片无法插入，则必须放松举杆的调整螺栓。

（5）检查凸轮轴端间隙（参考本单元"检查"部分）。

（6）拆下机械式调速器盖、膜片盖、膜片、飞重及调速器外壳（参考"调速器拆卸"部分）。

（7）拆下喷油泵底部螺塞，如图12-40所示。

图12-39 插入定位片

图12-40 拆下喷油泵底部螺塞

（8）取出凸轮轴，如图12-41所示。

（9）使用举杆顶高工具将举杆顶升，取出各缸的定位片，如图12-42所示。注意：勿伤及螺塞孔的螺纹。

图12-41 取出凸轮轴

图12-42 取出定位片

（10）使用举杆夹取工具取出举杆总成，如图12-43所示。

（11）使用柱塞夹取工具取出柱塞及下弹簧座，如图12-44所示。注意：取出的柱塞与柱塞筒必须成对组合在一起，并浸在柴油中，柱塞表面不可用手触摸。

图12-43 夹出举杆总成

图12-44 取出柱塞

（12）取下柱塞弹簧、上弹簧座及控制套总成，如图12-45所示。注意：分解控制套总成时，必须做相对记号。

（13）拆下排气阀座套的锁定片。

（14）拆下排气阀座套，取下排气阀弹簧，如图12-46所示。

图12-45 取出柱塞弹簧等零件

图12-46 拆下排气阀座套

（15）使用排气阀座拉出器，将排气阀座拉出，如图12-47所示。

图12-47 拆下排气阀座

图12-48 推出柱塞筒

（16）从下方将柱塞筒推出，如图12-48所示。

（17）拆下齿杆限制套，以及齿杆上的固定螺母及调整螺栓，如图12-49所示。

（18）拆下齿杆的定位螺栓，取下齿杆，如图12-50所示。

图12-49 拆下齿杆限制套等零件

图12-50 取下齿杆

（19）线列式喷油泵全部分解后如图12-51所示。

图12-51 线列式喷油泵的分解图

四、检查

❶ 泵壳

（1）检查泵壳是否破裂或变形等，严重时泵壳应换新。
（2）检查柱塞筒与泵壳孔间是否正确接触，及泵壳孔是否有裂痕等。
（3）检查举杆与举杆孔间的间隙，如图12-52所示，不得超过0.2mm。

❷ 凸轮轴

（1）检查凸轮是否磨损不均、过度磨损或刮痕等。
（2）检查凸轮轴的端间隙，见表12-3 如图12-53所示。

凸 轮 轴 端 间 隙　　　　　　　　　表12-3

发动机型式	端　间　隙	最　大　极　限
SD22	0.02mm	0.1mm
SD33	0.03mm	

（3）若凸轮轴的端间隙超过规定时，从凸轮轴上拆下轴承座。
（4）根据端间隙的大小，增减调整垫片。

(5)两端必须使用相同厚度的垫片。

(6)轴承:检查有无磨损或变色,必要时换新的。

图12-52 检查举杆与举杆孔间的间隙

图12-53 检查凸轮轴端间隙

❸ 柱塞及柱塞筒

(1)根据喷油量测试结果,进行油密性试验。

(2)将柱塞及柱塞筒彻底洗净。

(3)拉出柱塞,柱塞筒倾斜60°,放掉柱塞,使其自行滑入柱塞筒内,应圆滑滑入,如图12-54所示。转动柱塞在各不同位置时放开,同样都必须圆滑滑入,否则柱塞与柱塞筒应成对更换。

❹ 排气阀

(1)实施油密性试验。

(2)将排气阀及座彻底洗净。

(3)手指塞住排气阀座底部,然后将排气阀下压,放掉手指压力后,排气阀应马上回弹,表示良好,如图12-55所示。若排气阀不回弹,表示吸回活塞磨损,应整组换新。

图12-54 柱塞与柱塞筒的油密性试验

图12-55 排气阀与排气阀座的油密性试验

❺ 举杆总成

(1)调整螺栓凹陷部的磨损不可超过0.20mm,如图12-56所示。

(2)滚柱、滚柱衬套及销之间的间隙不可超过规定值。

❻ 齿杆及控制套

(1)检查齿杆是否弯曲或磨损。

（2）检查控制套凹槽与柱塞凸缘间的间隙，$A-B$不可超过0.12mm，如图12-57所示。

（3）检查控制套上齿环与齿杆间的齿隙，如图12-58所示，齿隙不得超过0.30mm。齿隙又称背隙。

图12-56 检查调整螺栓凹陷部的磨损

图12-57 检查控制套凹槽与柱塞凸缘间的间隙

五、组合

（1）所有零件彻底清洁，在转动及滑动的零件涂上薄层的发动机机油。

（2）按分解时的相反顺序组合。

（3）安装柱塞筒时，必须注意对正方向，如图12-59所示。

图12-58 检查控制套上齿环与齿杆间的齿隙

图12-59 柱塞筒的安装方向

（4）排气阀座上使用新的垫片，再用排气阀座装入工具打入定位，如图12-60所示。

（5）装回排气阀弹簧，再装上排气阀座套，如图12-61所示。

图12-60 装入排气阀座

图12-61 装上排气阀座套

（6）装上锁定片。

（7）装上齿杆，齿杆两侧记号与两侧泵壳保持相同距离，如图12-62所示。限制套侧调整螺栓调整妥当后，装上限制套，并装上齿杆背面的定位螺栓。

（8）控制套上齿环开口向上时装上控制套、上弹簧座与柱塞弹簧，如图12-63所示。

图12-62 对正齿杆两侧记号

图12-63 装上控制套等零件

（9）使用柱塞夹取工具，将柱塞及下弹簧座一起装入，注意柱塞凸缘上的记号必须向上，即向喷油泵盖板端，如图12-64所示。

（10）举杆高度调整为34.5~35.0mm后，装上举杆总成，如图12-65所示。

图12-64 装上柱塞等零件　　　　图12-65 调整后装上举杆总成

（11）装上凸轮轴，如图12-66所示。

（12）装上调速器壳，然后调整凸轮轴端间隙（参考本单元"检查"部分）。

（13）装上喷油泵壳底部的螺塞。

（14）暂时装上正时器，转动正时器，使凸轮轴转动，逐一取下各缸的定位片。

（15）测量齿杆的滑动阻力，应小于1.47N，如图12-67所示。

（16）依序装回飞重、膜片、膜片盖及机械式调速器盖。

（17）装回喷油泵面板及输油泵等。

柴油机燃料供给系统的维修

图12-66 装上凸轮轴　　　　　图12-67 测量齿杆滑动阻力

12.4.2 VE式喷油泵的拆装与分解、组合

一、拆卸

（1）拆开喷油器端的高压油管接头，并用塞子塞住，以防污物进入，如图12-68所示。

（2）拆开燃油切断电磁阀导线，如图12-69所示。

图12-68 拆开高压油管接头　　　图12-69 拆开燃油切断电磁阀导线

（3）拆开节气门拉索、溢流阀油管、进油管及回油管等，如图12-70所示。

（4）拆下喷油泵驱动齿轮盖，如图12-71所示。

图12-70 拆开节气门拉索等零件　　图12-71 拆下喷油泵驱动齿轮盖

（5）放松喷油泵驱动齿轮固定螺母，使用拉出器，取出驱动齿轮，如图12-72所示。

（6）拆下固定喷油泵的螺母与螺栓，如图12-73所示。

（7）VE喷油泵连同高泵油管一起取出，如图12-74所示。

图12-72 取出驱动齿轮

图12-73 拆下固定喷油泵的螺母与螺栓

二、安装

按拆卸的相反顺序装回。

安装时应注意事项：

（1）曲轴皮带盘的TDC记号对正前盖记号，使第一缸活塞在上止点，如图12-75所示。

图12-74 取出喷油泵

图12-75 对正上止点记号

（2）暂时调整喷油泵，使喷油泵凸缘上的记号与前盖板上的记号对正。再使驱动齿轮上的"Y"记号与惰轮上的"Y"记号对正，将驱动齿轮装在喷油泵凸轮轴上，如图12-76所示。

图12-76 对正驱动齿轮与惰轮记号

三、分解

❶ 准备

（1）在喷油泵分解及调整前，喷油泵应先进行测试。

（2）喷油泵分解前，外表必须先彻底清洁干净。

（3）拆开溢流阀，泄放柴油。

（4）工作台必须清洁干净。

（5）仅准备分解与组合时需要的专用工具。

（6）各缸的零件不可混在一起。
（7）分解 VE 式喷油泵使用的专用工具如图 12-77 所示。

图 12-77　分解 VE 式喷油泵使用的专用工具

❷ 分解

（1）从节气门拉杆上拆下固定螺母、弹簧垫片、弹簧座及弹簧等，如图 12-78 所示。
（2）在节气门拉杆与节气门拉杆轴上做相对记号，如图 12-79 所示。

图 12-78　从节气门拉杆上拆下固定螺母等零件

图 12-79　在节气门拉杆与节气门拉杆轴上做相对记号

（3）取下调速器盖，如图 12-80 所示。可用木柄轻敲轴端来取出调速器盖。
（4）从张力杆上拆下节气门拉杆轴，如图 12-81 所示。

图12-80 取下调速器盖　　　　图12-81 拆下节气门拉杆轴

（5）使用调速器轴拆卸工具拆下调速器轴，如图12-82所示，按顺时针方向转动来放松锁定螺母。

图12-82 拆下调速器轴

（6）取下调速器套、垫片及飞重等，并取下调整垫片，如图12-83所示。
（7）放松调速器的左、右电枢螺栓，如图12-84所示。

图12-83 取下调速器套等零件　　　图12-84 放松调速器的左、右电枢螺栓

（8）拆下液压头螺塞，如图12-85所示。

（9）拆下液压头处的排气阀座套、弹簧、排气阀及垫片等，如图12-86所示。液压头上有打注 A、B、C、D 等英文字母，拆下的零件必须依序排好。

图12-85 拆下液压头螺塞

图12-86 拆下液压头处的排气阀座套等零件

（10）拆下燃油切断电磁阀，如图12-87所示。

（11）取下液压头，如图12-88所示。小心两个支撑弹簧及导销勿掉落地面。

图12-87 拆下燃油切断电磁阀

图12-88 取下液压头

（12）取下柱塞总成，包括控制套、调整垫片、弹簧座、柱塞弹簧等，如图12-89所示。

（13）取下调速器杆总成，如图12-90所示。小心勿拉伸起动弹簧及怠速弹簧。

图12-89 取下柱塞总成

图12-90 取下调速器杆总成

(14)取下调整垫片、凸轮盘、弹簧及接合器等,图12-91所示。

图12-91 取下凸轮盘等零件

(15)取下扣夹及定位销,如图12-92所示。

(16)将调整销移至滚轮架的中央,如图12-93所示。

图12-92 取下扣夹及定位销

图12-93 将调整销移至滚轮架的中央

(17)取出滚轮及滚轮架,小心不要倾斜,以免滚轮掉落,图12-94所示。

(18)取下驱动轴,小心不要碰触喷油泵壳内壁,如图12-95所示。

图12-94 取出滚轮及滚轮架

图12-95 取下驱动轴

（19）取下正时器盖、O形环、调整垫片、正时弹簧、活塞及滑柱等，如图12-96所示。使用调压阀拆卸工具拆下调压阀，如图12-97所示。

图12-96 取下正时器盖等零件

图12-97 拆下调压阀

（20）放松输油泵盖固定螺栓，如图12-98所示。
（21）取下输油泵盖及输油泵总成。
（22）将输油泵总成定位工具插入。
（23）将输油泵液压头端旋转向下，如图12-99所示。

图12-98 放松输油泵盖固定螺栓　　　图12-99 液压头端旋转向下

（24）整体取出输油泵盖及输油泵总成。整体取出中途卡住时，轻敲输油泵本体以取出。
（25）VE式喷油泵全部分解后如图12-100所示。

四、检查

（1）彻底清洗所有零件。
（2）更换磨损的零件。

（3）柱塞等精密零件表面不可有刮痕，否则必须换新的。

（4）使用千分表测量滚轮的高度，如图12-101所示，最大与最小值间相差不可超过0.02mm。

图12-100 VE式喷油泵的分解图

五、组合

（1）下列各零件换新时必须整组更换：

①液压头、控制套与柱塞。

②输油泵总成。

③柱塞弹簧组。

④滚轮总成。

⑤飞重总成。

⑥调速器杆总成。

（2）所有活动的零件都先浸在干净的柴油中。

（3）将输油泵总成置于定位工具上，如图12-102所示。

图12-101　测量滚轮高度差　　　图12-102　输油泵总成置于定位工具上

（4）对正输油泵盖与偏心环内的三个孔。

（5）不可改换叶片的位置。

（6）偏心环的孔，与偏心环内壁的距离不相同。

（7）将输油泵总成装入喷油泵壳内。注意左、右边不可装错，否则无法泵油；另外也要注意喷油泵的转动方向是"L"或"R"，如图12-103所示，喷油泵系"R"方向运转。以下的说明均以"R"方向转动的喷油泵为准。

（8）将喷油泵旋转180°，取下输油泵总成定位工具，然后锁紧输油泵盖固定螺栓。

（9）注意不可刮伤泵壳内壁。

（10）锁紧固定螺栓后，检查转子及叶片能否圆滑转动，如图12-104所示。

图12-103　"R"方向转动的喷油泵　　　图12-104　检查转子及叶片能否圆滑转动

（11）确定驱动轴、齿轮及键组合正确，如图12-105所示。

（12）装上驱动轴，确定轴上的键与转子的键槽正确结合，如图12-106所示。小心不要伤及油封及泵壳内壁。

图12-105　确定驱动轴等组合正确　　　　图12-106　确定键与键槽正确结合

（13）装上滚轮及滚轮架，如图12-107所示。注意滚轮不可换位，而且垫片要装在滚轮的外侧。

（14）对正滚轮架与正时器调整销孔，如图12-108所示。

图12-107　装上滚轮及滚轮架　　　　图12-108　对正滚轮架与正时器调整销孔

（15）装上正时活塞及滑柱，如图12-109所示。注意滑柱面的孔朝向滚轮架，活塞上的凹孔与回油孔同侧。

（16）将正时器调整销插入正时活塞滑柱内，并用定位销及扣夹固定，如图12-110所示。注意正时活塞移动是否圆滑。

图12-109　装上正时活塞及滑柱　　　　图12-110　用定位销及扣夹固定

(17)安装正时器弹簧侧,使用0.6mm的调整垫片,依序装上正时弹簧、调整垫片、O形环及盖子,如图12-111所示。注意正时弹簧两侧都必须放垫片,且垫片厚度是喷油泵在试验器上测试所得的尺寸。

(18)装入调压阀,如图12-112所示。注意勿刮伤O形环。

图12-111 安装正时器弹簧侧零件　　　　　图12-112 装入调压阀

(19)装入接合器,使其凹面向上,如图12-113所示。

(20)测量柱塞弹簧组长度"KF"。"KF"是柱塞顶面与柱塞筒顶面间的距离。

(21)如图12-114所示,装好液压头。测量前"A"部位不插入调整垫片。

图12-113 装入接合器　　　　　图12-114 装好液压头

(22)安装量表,使能压缩25mm,然后归零,如图12-115所示。

(23)在柱塞底部轴方向施加一定大小的力,并确保其无法压缩柱塞弹簧,检查量表的"KF"尺寸,如图12-116所示。

图12-115 安装"K"及"KF"尺寸量表　　　　　图12-116 检查"KF"尺寸

图12-117 组装各零件

（24）计算测量值与标准值的差异，"KF"标准值为5.7~5.9mm以决定调整垫片的厚度。

例如量表测量值为6.2mm，则6.2mm-5.7mm=0.5mm，为调整垫片的厚度。

若无刚好0.5mm的垫片，可换稍微厚一点的。

（25）调整柱塞尺寸"K"。"K"是柱塞在下止点时，柱塞顶端与柱塞筒顶端间的距离。

（26）组装各零件，如图12-117所示。

（27）安装量表，以测量尺寸，如图12-118所示，此时柱塞应在下止点。

（28）计算测量值与标准值的差异，"K"标准值为3.2~3.4mm，以决定调整垫片的厚度，装在柱塞底部，如图12-119所示。

图12-118 安装"K"及"KF"尺寸量表

图12-119 安装调整垫片

当测量值大于标准值时，使用较厚的调整垫片。当调整垫片装好后，必须用量表再测量。

（29）弹簧装在接合器上方，然后依序装上凸轮盘及调整垫片，如图12-120所示。确定凸轮盘驱动销及驱动轴键朝向调速器杆侧。

（30）装上调速器杆，如图12-121所示。注意勿拉长起动弹簧及怠速弹簧。

图12-120 装上弹簧等零件

图12-121 安装调速器杠杆

（31）装上柱塞总成。确认控制套的小孔端朝向弹簧座，如图12-122所示；调速器杆球销插入控制套内，如图12-123所示。

图12-122 控制套的小孔端向弹簧座

图12-123 调速器杆球销插入控制套内

（32）在导销、调整垫片及弹簧座上涂抹黄油后，装上液压头，如图12-124所示。

（33）安装液压头，如图12-125所示。

图12-124 导销等零件涂抹黄油

图12-125 安装液压头

（34）支撑弹簧朝向调速器杆端。

（35）弹簧勿掉落地面。

（36）确定调速器杆球销正确插入控制套孔内。

（37）液压头装妥后，确定柱塞弹簧在弹簧座的导孔内。

以规定力矩锁紧液压头，如图12-126所示。液压头固定螺栓锁紧力矩应为11~13N·m。

（38）安装飞重总成，如图12-127所示。注意调速器轴不要刮伤O形环。

图12-126 锁紧液压头

图12-127 安装飞重总成

图12-128 调整"L"尺寸

(39) 调整"L"尺寸,如图12-128所示。"L"尺寸应为1.5~2.0mm。

(40) 将锁定螺母锁至25~30 N·m的规定力矩。

(41) 喷油泵设计右(R)转方向时,调速器轴为左螺纹;喷油泵设计左(L)转方向时,调速器轴为右螺纹。

(42) 测量飞重架轴向游隙,不符合规定时,增减调整垫片以调整,如图12-129所示。飞重架轴向游隙应为0.15~0.35mm。

"MS"尺寸位置如图12-130所示。

图12-129 测量飞重架轴向游隙

图12-130 "MS"尺寸的位置

(43) 拆下锁定螺母及调速器轴,如图12-131所示。

(44) 将"MS"量具之一装在调速器轴孔上,如图12-132所示。

(45) 装上"MS"量具之二及行程量表,如图12-133所示。

(46) "MS"量具之三装在泵壳上,如图12-134所示。

(47) 将调速器套推向飞重,保持调速器套在定位,然后将量表归零,如图12-135所示。

图12-131 拆下锁定螺母及调速器轴

图12-132 安装"MS"量具之一　　图12-133 装上量具及量表

图12-134 装上"MS"量具之三　　图12-135 将调速器套推向飞重

（48）推动张力杆，至与止动销接触时，使调速器套向后，直至起动杆与张力杆接触时，读出量表读数，如图12-136所示。"MS"尺寸应为1.4~1.6mm。

（49）如果"MS"尺寸不正确时，更换滑动套，调整至正确值，如图12-137所示。

（50）安装节气门拉杆轴，如图12-138所示。

图12-136 检查"MS"尺寸

图12-137 更换滑动套来调整"MS"尺寸

图12-138 安装节气门拉杆轴

（51）装回喷油泵盖，如图12-139所示。

（52）装回节气门拉杆总成，如图12-140所示，加节气门拉杆及节气门拉杆轴记号必须对正。

图12-139 装回喷油泵盖

图12-140 装回节气门拉杆总成

（53）使用新的O形环，装回螺塞，如图12-141所示。

（54）装回燃油切断电磁阀。

（55）装回排气阀总成，如图12-142所示，必须装用新的垫片。

图12-141 装回螺塞

图12-142 装回排气阀总成

12.5 调速器的拆装、分解与装配

一、分解

（1）喷油泵装在工作台上，拆下输油泵及盖板。

（2）举杆调整螺栓及固定螺母间装入定位片，如图12-143所示。

（3）拆下膜片盖、调速器弹簧及调整垫片，如图12-144所示。

图12-143 装入定位片

图12-144 拆下膜片盖等零件

（4）拆下开口销，取下膜片，如图12-145所示。

（5）分解MZ型调速器时，拆下凸轮轴盖，如图12-146所示。

图12-145 取下膜片

图12-146 拆下凸轮轴盖

（6）分解RBD-MZ型调速器时，拆下机械式调速器盖，取下垫片、推杆、弹簧及调整垫片，如图12-147所示。

（7）以正时器扳手固定正时器，使用特殊套筒放松圆筒螺母，如图12-148所示。

（8）使用飞重拉出器拉出飞重，如图12-149所示。

（9）拆下调速器外壳，如图12-150所示。

（10）MZ型与RBD-MZ型调速器分解后，如图12-151与图12-152所示。

图12-147 拆下机械式调速器盖

图12-148 放松圆筒螺母　　　　图12-149 拉出飞重

图12-150 拆下调速器外壳

图12-151 MZ型调速器分解图

柴油机燃料供给系统的维修

图12-152 RBD-MZ型调速器分解图

二、组合

（1）按分解的相反顺序组合。

（2）凸轮轴上的叶轮，其平叶片侧向调速器，如图12-153所示。

（3）调速器盖垫片涂上液状密封剂，圆筒螺母用规定力矩拧紧，如图12-154所示。圆筒螺母规定拧紧力矩为50~60 N·m。

图12-153　叶轮的平叶片侧向调速器　　　图12-154　锁紧圆筒螺母

（4）膜片上涂上膜片润滑油，如图12-155所示。

（5）膜片与调速器壳接触部位涂上黄油，如图12-156所示。注意黄油不可触及膜片表面。

图12-155　膜片上涂上膜片润滑油　　　图12-156　膜片与调速器壳接触部位涂上黄油

12.6　输油泵的拆装、分解与装配

以线列式喷油泵使用的柱塞式输油泵为例。

一、拆卸

（1）拆开输油泵的进油管及出油管。

（2）拆开输油泵三个固定螺母，取下输油泵，如图12-157所示。

二、安装

（1）按拆卸的相反顺序装回。

(2)进油管及出油管接头的垫片必须换新的。

(3)进油接头内有滤棒时应清洗或换新的。

图12-157 拆下输油泵

三、分解

(1)拆下手动泵。

(2)拆下扣环,取下举杆总成及推杆。

(3)拆下进、排气阀及其弹簧。

(4)拆开螺塞,取下柱塞弹簧及柱塞。

(5)柱塞式输油泵的剖面图,如图12-158所示。

图12-158 柱塞式输油泵的剖面图

四、组合

(1)按分解的相反顺序组合输油泵。

(2)组合时,各部位的垫片都必须换新的。

理论测试

一、填空题

1. 使用_____刷将喷油嘴外表积炭清除干净,并将油针及油针座用柴油洗净。
2. 拆开喷油器端的高压油管接头,并用_____塞住,以防污物进入。
3. 在喷油泵分解及调整前,喷油泵应先进行_____。
4. 装回节气门拉杆总成时,节气门拉杆及_____记号必须对正。
5. 手指塞住排气阀座底部,然后将排气阀下压,放掉手指压力后,排气阀应马上回弹,表示_____,若排气阀不回弹,表示吸回活塞_____,应整组换新。

二、选择题

1. 组合调速器,将调速器盖垫片涂上液状密封剂,圆筒螺母用(　　)N·m 力矩锁紧。
   A. 20~30　　　　　　　　　　B. 30~40
   C. 40~50　　　　　　　　　　D. 50~60
2. 使用千分表测量滚轮的高度,最大与最小值间相差不可超过(　　)mm。
   A. 0.01　　　　　　　　　　B. 0.02
   C. 0.03　　　　　　　　　　D. 0.04

三、判断题

1. 输油泵出油管漏油换新时,油管接头垫片可继续使用。　　　　　　　　(　　)
2. 输油泵的出油管接头内装有滤棒。　　　　　　　　　　　　　　　　(　　)
3. 柱塞式输油泵,其进气阀通常是装在手动泵的正下方。　　　　　　　　(　　)
4. 柱塞式输油泵,凸轮轴是直接驱动柱塞。　　　　　　　　　　　　　(　　)
5. 拆卸喷油泵时,必须拆下各缸高压油管。　　　　　　　　　　　　　(　　)
6. 线列式喷油泵正时器装回发动机上喷油泵时,转动曲轴,先使曲轴皮带盘 20° BTDC 缺口对正前盖上记号。　　　　　　　　　　　　　　　　(　　)
7. 线列式喷油泵正时器装回发动机上喷油泵时,其驱动齿轮与惰齿轮的记号必须对正。　　　　　　　　　　　　　　　　　　　　　　　　　(　　)
8. 喷油泵要先在喷油泵试验器上做测试,以决定是否要分解及调整。　　(　　)
9. 线列式喷油泵分解时,插在举杆调整螺栓与固定螺母间的定位片,是为了使举杆以上的零件保持在下方。　　　　　　　　　　　　　　　　　(　　)
10. 线列式喷油泵分解时,先取下举杆处的定位片,再取出凸轮轴。　　　(　　)
11. 分解线列式喷油泵的齿环与控制套前,必须先做记号。　　　　　　　(　　)

12. 柱塞与柱塞筒倾斜60°，拉出柱塞放手后，柱塞应圆滑移入柱塞筒内。（   ）
13. 线列式喷油泵，安装柱塞及柱塞筒时均无方向性。（   ）
14. VE 式喷油泵分解前，外表必须清洁干净。（   ）
15. VE 式喷油泵的液压头、控制套及柱塞有磨损时，必须成套更换。（   ）
16. VE 式喷油泵正时器弹簧的调整垫片是置于弹簧的一侧。（   ）
17. VE 式喷油泵的"MS"尺寸不对时，应更换调速器套。（   ）
18. 分解喷头时，内部各零件应马上浸入干净的柴油中。（   ）
19. 喷头倾斜60°，拉出油针，放手后油针应平滑移回定位。（   ）
20. 柴油滤清器更换后，可立即顺利发动发动机。（   ）

四 简答题

1. 分解线列式喷油泵主要使用哪些专用工具？

2. 如何检查喷油嘴？

技能测试

一 喷油正时的校正（表12-4）

喷油正时的校正　　　　　　　　　　　　　表12-4

姓名：_____　班级：_____　学号：_____　得分：_____

测试项目		测　试		备注
		满分	得分	
完成时间	（　）min（　）s，限时30min			
（一）工作技能	1. 工具、仪器选择是否正确	10分	（　）	
	2. 工具、仪器使用方法是否正确	10分	（　）	
	3. 操作顺序是否正确	20分	（　）	
	4. 喷油正时是否正确	40分	（　）	
	5. 螺栓、螺母是否依规定力矩拧紧	20分	（　）	
（二）工作安全与态度（采取扣分方式）	1. 有不安全或不正确动作	扣4~12分	（　）	
	2. 损坏工作物	扣4~12分	（　）	
	3. 工具、仪器使用后未归定位	扣4~12分	（　）	
	4. 工作区未维持整洁	扣4~12分	（　）	
	5. 服装仪容不整	扣4~12分	（　）	
合计		100分	（　）	

二 发动机怠速的调整（表12-5）

发动机怠速的调整　　　　　　　　　　　　表12-5

姓名：_____　班级：_____　学号：_____　得分：_____

测试项目		测　试		备注
		满分	得分	
完成时间	（　）min（　）s，限时30min			
（一）工作技能	1. 工具、仪器选择是否正确	10分	（　）	
	2. 工具、仪器使用方法是否正确	10分	（　）	
	3. 操作顺序是否正确	20分	（　）	
	4. 正时灯及转速表安装是否正确	15分	（　）	

续上表

(一)工作技能	5.怠速调整是否正确	30分	( )	
	6.正时提前读数是否正确	15分	( )	
(二)工作安全与态度(采取扣分方式)	1.有不安全或不正确动作	扣4~12分	( )	
	2.损坏工作物	扣4~12分	( )	
	3.工具、仪器使用后未归定位	扣4~12分	( )	
	4.工作区未维持整洁	扣4~12分	( )	
	5.服装仪容不整	扣4~12分	( )	
	合计	100分	( )	

三 喷油器的拆装、分解与装配(表12-6)

喷油器的拆装、分解与装配　　　　表12-6

姓名:_____　　班级:_____　　学号:_____　　得分:_____

测试项目		测试		备注
		满分	得分	
完成时间		( )min( )s,限时30min		
(一)工作技能	1.工具、仪器选择是否正确	10分	( )	
	2.工具、仪器使用方法是否正确	10分	( )	
	3.操作顺序是否正确	20分	( )	
	4.喷油嘴零件是否依序排列并浸在柴油中	10分	( )	
	5.各部位拧紧力矩是否正确	20分	( )	
	6.喷射开始压力读数是否正确	30分	( )	
(二)工作安全与态度(采取扣分方式)	1.有不安全或不正确动作	扣4~12分	( )	
	2.损坏工作物	扣4~12分	( )	
	3.工具、仪器使用后未归定位	扣4~12分	( )	
	4.工作区未维持整洁	扣4~12分	( )	
	5.服装仪容不整	扣4~12分	( )	
	合计	100分	( )	

四 喷油泵的拆装、分解与装配（表12-7）

喷油泵的拆装、分解与装配　　　　　　　表12-7

姓名：_____　　班级：_____　　学号：_____　　得分：_____

测试项目		测试		备注
		满分	得分	
完成时间	（　　）min（　　）s，限时30min			
（一）工作技能	1. 工具、仪器选择是否正确	10分	（　　）	
	2. 工具、仪器使用方法是否正确	10分	（　　）	
	3. 操作顺序是否正确	20分	（　　）	
	4. 垫片是否换新	10分	（　　）	
	5. 正时器安装是否正确	15分	（　　）	
	6. 放空气动作是否正确	15分	（　　）	
	7. 发动机能否顺利起动运转	20分	（　　）	
（二）工作安全与态度（采取扣分方式）	1. 有不安全或不正确动作	扣4~12分	（　　）	
	2. 损坏工作物	扣4~12分	（　　）	
	3. 工具、仪器使用后未归定位	扣4~12分	（　　）	
	4. 工作区未维持整洁	扣4~12分	（　　）	
	5. 服装仪容不整	扣4~12分	（　　）	
合计		100分	（　　）	

五 输油泵的拆装、分解与装配（表12-8）

输油泵的拆装、分解与装配　　　　　　　表12-8

姓名：_____　　班级：_____　　学号：_____　　得分：_____

测试项目		测试		备注
		满分	得分	
完成时间	（　　）min（　　）s，限时30min			

续上表

（一）工作技能	1. 工具、仪器选择是否正确	10分	（　）	
	2. 工具、仪器使用方法是否正确	10分	（　）	
	3. 操作顺序是否正确	20分	（　）	
	4. 垫片是否换新	10分	（　）	
	5. 组合是否正确	20分	（　）	
	6. 吸油能力试验是否正常	30分	（　）	
（二）工作安全与态度（采取扣分方式）	1. 有不安全或不正确动作	扣4~12分	（　）	
	2. 损坏工作物	扣4~12分	（　）	
	3. 工具、仪器使用后未归定位	扣4~12分	（　）	
	4. 工作区未维持整洁	扣4~12分	（　）	
	5. 服装仪容不整	扣4~12分	（　）	
合计		100分	（　）	

单元 13

润滑系统的维修

- **知识目标:**
    1. 了解润滑系统维修时的注意事项;
    2. 掌握机油的检查方法。

- **能力目标:**
    1. 具备安全生产的能力;
    2. 能熟练进行机油的检查和更换;
    3. 能熟练进行机油滤清器的更换。

- **建议学时:**
    4 学时。

13.1 机油的检查和更换

一、泄放机油

(1)发动机先起动至工作温度后熄火。
(2)打开加机油盖及放油螺塞,如图13-1所示。

图13-1 打开加机油盖及放油螺塞

打开加机油盖,可加快机油的泄放速度。
备好机油盆或机油回收桶。
机油温度很高,小心烫伤。
手部尽量不要接触到使用过的机油。
机油颜色或黏度若有异样,应找出原因,例如乳白色机油,表示冷却液进入机油中。
(3)机油泄放干净后,装回放油螺塞及垫片。
放油螺塞及垫片每次都必须换新的。
用擦拭纸擦净放油螺塞及油底壳。
放油螺塞以规定力矩拧紧。
A12 发动机放油螺塞拧紧力矩:20~30 N·m。

二、添加机油

(1)从加机油孔加入规定等级及规定量的机油,如图13-2所示。

加机油孔上放置漏斗,可避免机油外溢。

大部分1L装塑胶制机油罐,均有防止加机油时外溢的设计,即其机油出口不是在罐子的正中央,而是偏向一边,故加机油时,罐子有一定的方向。

塑胶或铁制机油容器均可回收,应集

图13-2 加入规定等级及规定量的机油

中放置。

（2）检查机油量。

装上加机油盖,盖子及周围擦拭干净。

起动发动机,检查放油螺塞周围是否漏油。

发动机熄火,等待适当时间后,拉出机油尺检查,如图13-3所示,油面不足时,补充机油至"H"线。

图13-3　检查机油量

13.2　机油滤清器的更换

一、机油滤清器拆卸

（1）使用机油滤清器扳手拆下机油滤清器,如图13-4所示。

图13-4　机油滤清器拆卸

（2）将接合面的油污擦拭干净。

（3）检视螺纹及接合面表面。

二、机油滤清器安装

（1）新机油滤清器上的 O 形橡胶环涂抹少量机油，如图 13-5 所示。

橡胶环上涂机油做润滑用。

一般原厂机油滤清器橡胶环上均已事先涂好油脂。

（2）装泵油滤清器（适用 A12 发动机）。

用手将机油滤清器转入，用手力锁紧。

不可使用机油滤清器扳手。

图 13-5 O 形橡胶环涂抹少量机油

（3）装泵油滤清器（适用宝马车系发动机）。

用手将机油滤清器转入。

使用机油滤清器套，以规定力矩锁紧，如图 13-6 所示。

用机油滤清器套拆装机油滤清器的方式，现代车用发动机采用最多。

（4）装泵油滤清器（适用大众车系发动机）。

用手将机油滤清器转入，至橡胶环与接合面接触有轻微阻力时，使用机油滤清器扳手，将滤清器再转入 7/6 转，如图 13-7 所示。

（5）以上介绍三种车系发动机机油滤清器的锁紧方法，让大家了解，方法各有不同，但最重要的是锁紧力矩必须正确。

图 13-6 用机油滤清器套锁紧滤清器

图 13-7 用机油滤清器扳手将滤清器再转入

三、机油量检查

（1）机油滤清器更换后，一定要起动发动机，让机油充满机油滤清器后，再检查油面高度。

现代发动机均采用小型机油滤清器，其容量约为 0.2L。

旧型如 A12 发动机，机油滤清器较大，其容量约为 0.5L。

（2）起动发动机，同时检视机油滤清器接合面处是否漏油。

（3）发动机熄火后，拉出机油尺检查油面高度是否正确。

理论测试

一 填空题

1. 在发动机_____时检查机油量。
2. 机油高度应保持在"_____"线上。
3. 发动机放油螺塞锁紧力矩为_____N·m。
4. 安装机油滤清器时,其O形环应先涂抹_____。

二 选择题

1. 泄放机油时,叙述错误的是(　　)。
   A. 发动机先暖车　　　　　　　B. 乳白色机油表示机油混入冷却液
   C. 装用原来的放油螺塞垫片　　D. 打开加机油盖
2. 使用机油滤清器套锁紧机油滤清器时,其力矩约为(　　)N·m。
   A. 5　　　　　　　　　　　　B. 16
   C. 28　　　　　　　　　　　 D. 36
3. 汽油发动机用机油滤清器的容量为(　　)L。
   A. 0.2~0.5　　　　　　　　　B. 0.6~0.8
   C. 0.9~1.2　　　　　　　　　D. 1.3~1.5

三 判断题

1. 机油滤清器可用手力、机油滤清器套或机油滤清器扳手锁紧。(　　)
2. 用手力锁紧机油滤清器,是现代汽油发动机最常采用的方式。(　　)
3. 机油滤清器更换后,必须添加的机油量比未更换时多。(　　)
4. 放油螺塞垫片每次都必须换新的。(　　)
5. 新型汽车已经采用机油量传感器取代了机油尺。(　　)
6. 每次更换完机油应该对汽车仪表进行复位。(　　)

四 简答题

1. 如何进行机油油品的检查。

2. 试述更换机油及机油滤清器的步骤。

技能测试

机油与机油滤清器更换（表13-1）

机油与机油滤清器更换　　　　　　　　　　表13-1

姓名：_____　　班级：_____　　学号：_____　　得分：_____

测试项目		测试		备注
		满分	得分	
完成时间	（　）min（　）s,限时30min			
（一）工作技能	1. 发动机起动至工作温度	6分	（　）	
	2. 正确泄放机油	6分	（　）	
	3. 放油螺塞垫片换新	8分	（　）	
	4. 放油螺塞锁紧力矩正确	10分	（　）	
	5. 正确拆卸机油滤清器	8分	（　）	
	6. O形橡胶环涂油润滑	6分	（　）	
	7. 正确安装机油滤清器	8分	（　）	
	8. 机油滤清器锁紧力矩正确	24分	（　）	
	9. 机油添加量正确	14分	（　）	
	10. 发动机运转时无漏油情形	10分	（　）	
（二）工作安全与态度（采取扣分方式）	1. 有不安全或不正确动作	扣4~12分	（　）	
	2. 损坏工作物	扣4~12分	（　）	
	3. 工具、仪器使用后未归定位	扣4~12分	（　）	
	4. 工作区未维持整洁	扣4~12分	（　）	
	5. 服装仪容不整	扣4~12分	（　）	
合计		100分	（　）	

单元14

冷却系统的维修

◆ 知识目标：

1. 了解冷却系统维修时的注意事项；
2. 掌握冷却液、节温器的检查方法。

◆ 能力目标：

1. 具备安全生产的能力；
2. 能熟练进行冷却液的添加和更换；
3. 能熟练进行节温器更换；
4. 能熟练进行冷却液温度传感器、水泵的检查和更换。

◆ 建议学时：

8学时。

14.1 冷却液的检查、添加或更换

一、检查冷却液

（1）检查冷却液的液面位置。

冷却液的液面位置应在低（LOW）和满（FULL）两条标记线之间。如果液面位置低，则应检查是否有渗漏，并添加冷却液至"FULL"线位置，如图14-1所示。

（2）检查冷却液质量。

在散热器盖或散热器注水口的周围应没有任何锈迹或积垢。如果过脏，则应更换冷却液。

二、更换发动机冷却液

其步骤为：

（1）拆下散热器盖。
（2）从散热器和发动机的泄放开关排出冷却液。
（3）关闭泄放开关。
（4）向系统内注入冷却液，如图14-2所示。

图14-1　检查冷却液的液面位置

图14-2　向系统内注入冷却液

（5）装上散热器盖。
（6）起动发动机，检查是否有渗漏现象。
（7）再检查冷却液液面位置，如有必要再次加注冷却液。

14.2 节温器的检查和更换

一、节温器拆卸

（1）先放出部分冷却液。
（2）拆开汽缸盖端的散热器进水管，如图14-3所示。
（3）拆开节温器盖，取下节温器。

图 14-3 拆开散热器进水管

二、节温器试验

（1）将拆下的节温器放入透明玻璃容器中加热，并用温度计测量冷却液温度，如图 14-4 所示。注意温度计应与节温器的蜡室等高。

图 14-4 节温器试验

（2）如表 14-1 所示，检查阀的初开温度、全开温度及其开启量。不符合规定时，节温器应换新的。

节温器试验数据　　　　　　　　　　表 14-1

发动机	寒带型	标准型	热带型
阀初开温度（℃）	88	82	76.5
开启量/阀全开温度（mm/℃）	8/100	8/95	8/90

（3）节温器上标示的数字，即为阀的初开温度。

三、节温器安装

（1）装回节温器时，垫片必须换新的，如图 14-5 与图 14-6 所示。

节温器上的排气孔或钩阀必须向上装,在加注冷却液时,空气才能排出;若安装方向错误,会造成排气不良,从而影响散热效果。

（2）装上节温器盖及散热器进水管后,记住补充冷却液。

图 14-5　节温器安装

图 14-6　节温器的安装方向

14.3　冷却液温度传感器的检查和更换

一、线束检查

线束检查见表 14-2。

线束检查　　　　　　　　　表 14-2

步骤	操　作	是	否
1 （图14-7）	（1）将点火开关旋至"OFF"位置,拆下连接发动机冷却液温度传感器的接插件; （2）将点火开关旋至"ON"位置,检测发动机冷却液温度传感器接插件"Lg/R"线搭铁电压; （3）检测电压是否为4~5V	进入第2步	"Lg/R"线短路或开路; C02-8端子连接不良
2 （图14-8）	（1）用短接线短接发动机冷却液温度传感器接插件的两个端子; （2）点火开关处于"ON"位置时,检测发动机冷却液温度传感器接插件"Lg/R"线搭铁电压; （3）检测电压是否≤0.15V	进入下一步: 传感器检查	"G/R"线短路或开路或C02-9端子连接不良; 　如果未发现上述不良,更换一个已知完好的ECM重新进行检查

图14-7 温度传感器电压的检查(第一步)

图14-8 短接温度传感器电压的检查(第二步)

图14-9 冷却液温度传感器温度—电阻

二、传感器检查

(1)拆下进气歧管上的发动机冷却液温度传感器。

(2)用浸入热水中的冷却液温度传感器的温度传感部分检查电阻,如图14-9所示。

冷却液温度传感器检查表见表14-3。

(3)如果电阻明显地偏离标准值,更换传感器。

冷却液温度传感器检查表　　　　　　　表14-3

温度(℃)	标准电阻(kΩ)	温度(℃)	标准电阻(kΩ)
0	5.8	40	1.1
20	2.4	80	0.3

三、安装

(1)把规定的密封剂涂到螺纹部分。

规定密封剂:3M 螺母锁紧 No.4171 或者相应代用品。

(2)安装发动机冷却液温度传感器并把它拧到规定力矩。

传感器拧紧力矩:30 N·m。

(3)牢固地接好线束接头。

14.4 水泵的检查和更换

(1)准备。

从发动机上拆下水泵,如图14-10所示。

图14-10 拆下水泵

（2）水泵检验。

检查泵体平面及叶轮等有无锈蚀，如图14-11所示。

（3）旋转水泵轴。

检查轴承状况，并检查轴的端隙是否过大，如图14-12所示。

图14-11 检查有无锈蚀

图14-12 检查轴承状况

14.5 电动风扇的检查

一、水温开关检修

（1）水温开关不拆的检查方法。

拆开水温开关接头，将两端子跨接，如果电动风扇转动，表示水温开关损坏，如图14-13所示，水温开关电路如图14-14所示。

图14-13 水温开关检查

图 14-14 水温开关电路

（2）水温开关拆下的检查方法。

拆下的水温开关放入容器内加热，两端子与欧姆表连接，并用温度计测量冷却液温度，如图 14-15 所示。

以 A12 发动机水温开关为例，冷却液温度低于 90℃时，开关应不导通；冷却液温度高于 90℃时，开关应导通才属正常。

二、继电器检修

（1）通常继电器有四支插脚，如图 14-16 a）所示，内部电路如图 14-16 b）所示。

（2）用欧姆表测量，AC 间不通，BD 间导通；然后在 BD 间接上 12V 电压时，AC 间应导通为正常。

图 14-15 水温开关拆下的检查　　　　图 14-16 继电器的结构

三、电动机检修

（1）在电动机与蓄电池间串联安培表，如图14-17所示。

（2）一般电流值为6~8A，若超过10A以上或不转动，则电动机必须换新的。

图14-17　电动机测试

理论测试

一　填空题

1. 节温器上标示的数字，表示阀的_____温度。

2. 冷却液的液面位置应在_____和_____两条标记线之间。如果液面位置低，则应检查是否有渗漏，并添加冷却液至_____线位置。

3. 节温器上的排气孔或钩阀必须_____装，在加注冷却液时，空气才能排出；若安装方向错误，会造成排气不良，而影响散热效果。

二　选择题

1. 一般压力式散热器盖所增加的表压力为（　　）MPa。
   A. 0.02~0.04　　　　　　　　B. 0.05~0.09
   C. 0.1~0.12　　　　　　　　 D. 0.1~0.2

2. 可控制发动机冷却液温度在一定值的是（　　）。
   A. 节温器　　　　　　　　　B. 散热器
   C. 散热器盖　　　　　　　　D. 储液箱

3. 对散热器施加（　　）MPa的压力来测试散热器是否漏水。
   A. 0.05　　　　　　　　　　B. 0.09

C. 0.16　　　　　　　　　D. 0.25

4. 对散热器盖的检验，下述错误的是（　　）。
   A. 压力阀用散热器压力试验器检验
   B. 散热器盖换新时，必须查看盖上的标示数字
   C. 真空阀用手指拉开检查
   D. 真空阀上无弹簧的设计

5. 节温器试验时，下列工具不必使用的是（　　）。
   A. 加热装置　　　　　　　B. 万用表
   C. 温度计　　　　　　　　D. 玻璃容器

三 判断题

1. 散热器压力试验器可对散热器及散热器盖施加压力做测试。（　　）
2. 对散热器盖施加规定压力后，需确保压力保持永久恒定。（　　）
3. 节温器上的排气孔或钩阀在安装时必须向上。（　　）
4. 水温开关接头直接跨接，电动风扇就会转动，表示冷却液温度开关损坏。（　　）

四 简答题

1. 如何检查冷却液温度传感器？

2. 冷却液温度开关检修方法及步骤是什么？

技能测试

节温器的拆装(表14-4)

节温器的拆装　　　　　　　　　　　　　　　　表14-4

姓名:_____ 班级:_____ 学号:_____ 得分:_____

测试项目		测试		备注
		满分	得分	
完成时间	( )min ( )s,限时30min			
(一)工作技能	1. 正确拆下节温器	10分	( )	
	2. 正确装回节温器	15分	( )	
	3. 节温器盖垫片换新	20分	( )	
	4. 节温器安装方向正确	40分	( )	
	5. 冷却液量正确	15分	( )	
(二)工作安全与态度(采取扣分方式)	1. 有不安全或不正确动作	扣4~12分	( )	
	2. 损坏工作物	扣4~12分	( )	
	3. 工具、仪器使用后未归定位	扣4~12分	( )	
	4. 工作区未维持整洁	扣4~12分	( )	
	5. 服装仪容不整	扣4~12分	( )	
合计		100分	( )	

单元15

发动机电气设备的维修

🔲 知识目标:

1. 了解发动机电气设备维修时的注意事项;
2. 掌握蓄电池、发电机、起动机、火花塞、点火高压线的检查方法。

🔲 能力目标:

1. 具备安全生产的能力;
2. 能熟练进行火花塞的清洁;
3. 能熟练进行蓄电池、发电机、起动机、火花塞、点火高压线的更换。

🔲 建议学时:

10学时。

15.1 蓄电池的检查和更换

一、检查蓄电池外部

检查蓄电池有无腐蚀或接头松弛、裂纹或压具松弛。

（1）如果蓄电池已被腐蚀，须用温水和小苏打水的混合溶液进行清洗。在接头外部涂润滑脂以防止进一步的腐蚀。

（2）如果接头连接松弛，须拧紧夹子的螺母——但不要拧得太紧。

（3）将压具拧紧至能够保持蓄电池固定在其位置上即可，过度拧紧将损坏蓄电池箱。

注意：进行维护之前，须确认发动机和所有附属设备都已关闭。检查蓄电池时，须首先取下负接头（"-"标记）上的搭铁电缆并在最后将它安装。须注意，使用工具时不要引起短路。清洗蓄电池时，注意不要让液体进入蓄电池中。

二、检查蓄电池内部

根据指示器进行检查（表15-1）。再充电时，蓄电池将会放出氢气。因此，再充电之前：

（1）取下孔口塞。

（2）如果利用安装在车辆上的蓄电池进行再充电时，须确认解开搭铁电缆。

（3）连接和解开蓄电池充电电缆时，须确认再充电电池上的电源开关处于关闭状态。

指示器颜色　　　　　　　　　　　　　　　　　　表15-1

A型	B型	蓄电池状况
绿色	蓝色	正常
浅黑色	白色	需要充电
无色或淡黄色	红色	电解液不足，蓄电池损坏，需要更换

注意：须在宽敞的地点进行充电，不要在车库或封闭的室内充电，因为那些地点的通风不够充分。在充电之前，须确认取下孔口塞。在发动机运转中，不要对蓄电池充电，同时也必须确认所有附属设备都被关闭。

安全隐患：蓄电池产生可燃性和爆炸性的氢气。使用工具时，不要让蓄电池产生火花。不要在蓄电池附近抽烟和有明火。电解液中含有毒性和腐蚀性强的硫，防止电解液接触到眼睛、皮肤或衣服。不要误饮电解液。在蓄电池附近工作时，需戴安全护目镜。根据指示器的颜色检查蓄电池状况。

15.2 发电机的检查和更换

当仪表板上的充电指示灯亮或怀疑发电机有故障时,应检查发电机。检查中确认发电机故障时,可更换新的发电机。

(1)检查发电机工作状态,可以使用电压表或汽车电气故障检查用的多用试验器。电压表可测端子电压,多用试验器还能检查输出电流。用万用表测发电机的"B+"接线柱,看其电压是不是超12.48 V,如果电压低于此值,可能是由于皮带松动导致转速不够。或者拿一把螺丝刀放在发电机的皮带盘上观察有没有吸力。

(2)发电机电压很高(超过15V)时,可能导致电子元件或用电器故障,应检查电压调节器。

(3)发电机电压为0V时,为电压调节器损坏,可更换电压调节器。

检查中确认发电机故障时,可更换新的发电机。

注意事项:

(1)检查发电机不能用试火法,当用导线或螺丝刀将发电机输出端搭铁短路时,等于发电机负载为零,产生一个瞬时大电流会使发电机内的整流二极管烧穿。

(2)检查发电机时不能用导线或螺丝刀将发电机的"B+"接线柱和"D+"接线柱连接,这样会使发电机电压迅速升高,使发电机内的电压调节器损坏。

(3)注意发电机的极性不能接反;更换蓄电池时蓄电池极柱不能接反,否则会使发电机内二极管烧穿。

15.3 起动机的检查和更换

当汽车起动不成功或怀疑是起动系统出现故障时,应检查起动机。检查中确认起动机故障时,可更换新起动机。

(1)接通起动开关后,起动机高速旋转而发动机曲轴无反应。这种现象表明故障发生在起动机的传动机构上,这有可能是由传动齿轮或单向离合器磨损造成的。

(2)起动机无法正常工作,驱动齿轮不转。引发这种现象的原因很多,例如电源线出现问题、起动开关接触盘烧蚀以及发动机阻力过大等。

(3)起动机动力输出不足,无法带动曲轴。励磁线圈短路和蓄电池亏电均可引发起动机动力不足。

(4)起动机运转声音刺耳。这有可能是单向离合器卡死或起动机安装不当造成的。

(5)起动机开关时有"嗒嗒"的声音,但是不工作。保持线圈断线或蓄电池严重亏电会导致这种现象。

注意事项:起动机在汽车中属于贵重部件,轻易不会损坏,但是,为了尽可能地延长起动机的使用寿命,恰当地使用方法也是必需的。起动机在起动发动机的过程中,要从蓄电池引入300~400A·h的电量,因此为了防止蓄电池出现过电流或损坏的现象,起动时间不应超过5s；冬季容易出现起动困难的现象，多次起动时每次起动时间不宜过长，各次起动中也应留有适当间隔。

15.4 火花塞的检查、清洁或更换

一、拆卸

将火花塞上的高压分线依次拆下，并在原始位置做上标记，以免安装错位。在拆卸中注意事先清除火花塞孔处的灰尘及杂物，以防止杂物落入汽缸。拆卸时用火花塞套筒套牢火花塞，转动套筒将其卸下，并依次排好。

二、检查

火花塞的电极正常颜色为灰白色，如电极烧黑并附有积炭，则说明存在故障。检查时可将火花塞与缸体导通，用中央高压线触接火花塞的接线柱，然后打开点火开关，观察高压电跳位置。如电跳位置在火花塞间隙，则说明火花塞作用良好，否则，即需换新。

❶ 电极间隙检查

使用丝规，检查火花塞电极的间隙，如图15-1所示。

火花塞电极间隙的调整：各种车型的火花塞间隙均有差异，一般应为0.7~0.9mm，检查间隙大小，可用火花塞量规或薄的金属片进行。如间隙过大，可用螺丝刀柄轻轻敲打外电极，使其间隙正常；间隙过小时，则可利用螺丝刀或金属片插入电极向外扳动。

❷ 跳火情形检查

拆下火花塞，接上高压线。

如图15-2所示，绝缘钳夹住高压线，火花塞离搭铁5~10mm。

起动发动机，检查是否为强烈的蓝色火花。

图15-1　检查火花塞电极的间隙

图15-2　检查火花塞跳火情形

三、更换

火花塞属易消耗件,一般行驶 20 000~30 000km 即应更换。火花塞更换的标志是不跳火,或电极放电部分因烧蚀而成圆形。另外,如在使用中发现火花塞经常积炭、断火,一般是因为火花塞太冷,需换用热型火花塞;若有炽热点火现象或汽缸中发出冲击声,则需选用冷型火花塞。

四、清洁

火花塞存有油污或积炭应及时予以清洗,但不要用火焰烧烤。如果瓷芯损坏、破裂,则应进行更换。

15.5 点火高压线的检查和更换

一、高压线电阻检查

此项检查的目的在于测试高压线的良好与否。当发动机在高速运转时,若高压线不良,将会使跳火电压降低。

波形选择键选择"25kV 并列波形"位置。

发动机保持大约 1000r/min 运转。

调整波形长度及水平控制转按钮,使波形整体显示在示波器屏幕上。

将所观察的波形与图 15-3 所示的波形做一比较。

图 15-3 高压线电阻正常时的波形

二、二次电路检查

反时针方向转动水平控制旋钮,检查每一缸的波形。

火花延续线成高角度倾斜,表示高压线产生高电阻的结果,将会减弱火花的强度及缩短火花延续的时间,如图15-4所示。

图15-4 高压线电阻太大时的波形

若所有的高压线都显示出相同情况,可能是主高压线产生高电阻现象,请查阅厂家产品规范手册判断主高压线是否正常。

若一缸或一缸以上,而非所有高压线显示出相同情况,表示该高压线电阻太大。

理论测试

一 填空题

1. 火花塞的间隙一般应在 _____ mm 之间。
2. 蓄电池指示器颜色为 _____ 时,表示蓄电池状态良好。
3. 拆卸蓄电池时,应先拆 _____ 极。

二 选择题

1. 火花塞的电极正常颜色为( )。
   A. 黑色   B. 灰白色
   C. 黑白色   D. 白色
2. 起动机起动时间不应超过( )。
   A. 15s   B. 5s
   C. 20s   D. 10s
3. 发电机的输出电压( )。
   A. 变化范围大   B. 越高越好
   C. 变化范围较小   D. 越低越好

三、判断题

1. 现代发动机燃烧室的温度较高，故火花塞的跳火电压较高。（　）
2. 点火线圈及电容器正常时，其波形应有几个振荡，然后振幅逐渐缩小。（　）
3. 火花塞跳火时正常的颜色为蓝色。（　）
4. 励磁线圈短路和蓄电池亏电均可引发起动机动力不足。（　）

四、简答题

1. 发电机的检查方法及步骤是什么？

2. 如何检查和清洁火花塞？

技能测试

点火高压线的检查和更换（表15-2）

点火高压线的检查和更换　　　　　　　　　表15-2

姓名：_____　班级：_____　学号：_____　得分：_____

测试项目		测　试		备注
		满分	得分	
完成时间	（　）min（　）s，限时30min			
（一）工作技能	1. 工具、仪器选择是否正确	10分	（　）	
	2. 工具、仪器使用方法是否正确	10分	（　）	
	3. 操作顺序是否正确	20分	（　）	
	4. 一次线圈电阻的检查	20分	（　）	
	5. 二次线圈电阻的检查	20分	（　）	
	6. 一次线圈与外壳间绝缘电阻的检查	20分	（　）	
（二）工作安全与态度（采取扣分方式）	1. 有不安全或不正确动作	扣4~12分	（　）	
	2. 损坏工作物	扣4~12分	（　）	
	3. 工具、仪器使用后未归定位	扣4~12分	（　）	
	4. 工作区未维持整洁	扣4~12分	（　）	
	5. 服装仪容不整	扣4~12分	（　）	
合计		100分	（　）	

单元16

发动机的调整与检测

◆ 知识目标：

　　1. 了解发动机调整与检测时的注意事项；

　　2. 掌握发动机怠速的调整方法、压缩压力的检测方法、漏气的检测方法、真空度的检测方法。

◆ 能力目标：

　　1. 具备安全生产的能力；

　　2. 能熟练进行发动机怠速的调整；

　　3. 能熟练进行汽缸压缩压力的检测；

　　4. 能熟练进行发动机真空度的检测。

◆ 建议学时：

　　10学时。

16.1 发动机怠速的调整

❶ 准备

（1）发动机预热至工作温度。

（2）切断所有电器负载。

（3）采用手动变速器时，换挡杆置于 N 挡；采用自动变速器时，换挡杆置于 N 或 P 位。

❷ 检查及调整

（1）接上转速表，转速表接在诊断接头的 IG 端子，如图 16-1 所示。

（2）发动机起动后，将诊断接头的 TEN 与 GND 端子跨接，解除计算机控制，如图 16-2 所示。

（3）检查及调整怠速转速。

（4）不符合规定时，旋转怠速调整螺钉调整，如图 16-3 所示。怠速调整螺钉旋入，怠速转速会降低；怠速调整螺钉旋出，怠速转速会升高。

图 16-1　接上正时灯及转速表

（5）应在冷却风扇不转时检查或调整怠速。

图 16-2　将 TEN 与 GND 端子跨接

图 16-3　调整怠速转速

16.2 汽缸压缩压力的检测

一、汽缸压缩压力表

（1）汽缸压缩压力表用来检查各缸的压缩压力是否符合规定，并根据压力值判定如何修理。

（2）汽缸压缩压力表的种类有以下两种。

①手压式：用手力将压力表紧压在火花塞孔上，使用方便，但易漏气，如图 16-4 所示。

②螺牙锁紧式：压力表接头上有螺纹锁在火花塞孔上，不易漏气，且可个人操作，如图 16-5 所示。

图16-4 手压式汽缸压缩压力表　　　图16-5 螺纹锁紧式汽缸压缩压力表

（3）汽缸压缩压力测试有以下两种方法。
①干压缩测试(Dry Compression Test)：即不加机油测试。
②湿压缩测试(Wet Compression Test)：即加机油测试，可确认活塞环及汽缸壁是否漏气。
（4）使用汽缸压缩压力表时应注意的事项：
①使用前先检查表针是否归零。
②手压式必须用双手压紧，以免漏气。
③不同型号发动机的标准压缩压力、最低压缩压力及各缸间压力差均不相同，应查阅各厂产品维修手册。
④压缩压力表使用后应擦拭干净。

二、汽缸压缩压力测试

❶ 压缩压力测试前的准备工作

（1）准备充满电的蓄电池，使在点火起动时，发动机转速可达250r/min。
（2）发动机运转至工作温度后熄火。
（3）用压缩空气吹去火花塞孔周围的灰尘。
（4）拆下各缸火花塞。
（5）拆开点火开关的IG端子，使点火系统不产生高压电。
（6）拆开化油器上燃油切断电磁阀（又称熄火电磁阀）的端子，如图16-6所示。
（7）装上汽缸压缩压力表，如图16-7所示。

图16-6 熄火电磁阀电路

图16-7 装上汽缸压缩压力表

❷ 干压缩测试

（1）阻风门及节气门全开。

（2）运转起动机使每缸压缩4~5个压缩行程，记下压缩压力值。压缩压力标准值见表16-1。

发动机压缩压力　　　　　　　　　　　　　表16-1

A12发动机压缩压力（在350r/min时）	标准值（MPa）	最低值（MPa）
	1.35	1.25

（3）一般汽缸压缩压力若在标准值的70%以下或各缸间的压力相差超过10%时，发动机必须修理。

❸ 湿压缩测试

（1）压力偏低的汽缸，从火花塞孔加入约15mL机油，继续测试压缩压力。

（2）测试结果分析见表16-2。

测 试 结 果 分 析　　　　　　　　　　　　表16-2

测试结果	可能原因
压缩压力明显升高	活塞环或汽缸壁磨损
压缩压力还是偏低	（1）气门咬死无法开闭；（2）气门与气门座密合不良
相对两缸压缩压力偏低	汽缸垫破损

（3）压缩压力测试完毕后：

①装回拆下的火花塞及导线。

②起动发动机，检查运转是否正常。

16.3 汽缸漏气的检测

一、漏气试验前的准备工作

（1）发动机保持在正常工作温度。
（2）拆下各缸火花塞。
（3）取下空气滤清器、加机油口盖或机油尺及散热器盖，并加冷却液至规定高度。
（4）使节气门全开。
（5）将汽缸漏气试验器的接头装在火花塞孔处，先接上响笛，如图16-8所示。
（6）旋转曲轴，当响笛发出声音时，表示第一缸活塞接近压缩上止点。
（7）继续转动曲轴，至对正TDC记号，然后取下响笛，装上漏气试验器；也就是漏气试验汽缸的活塞，必须在压缩上止点位置，在进、排气门均关闭的状态下进行测试。

二、漏气试验

（1）将空气压力送入各汽缸，注意表的读数变化，表示从汽缸漏气的百分比；例如读数降低超过20%时，表示过度漏气。
（2）如图16-9所示，注意听各处的漏气声。漏气现象及可能原因见表16-3。

图16-8 装上汽缸漏气试验器

图16-9 各漏气位置

漏气现象及可能原因　　　　　　　　　　　表16-3

现　象	可能原因
空气从相邻汽缸火花塞漏出	汽缸体烧损

发动机的调整与检测

续上表

现　　象	可　能　原　因
散热器加水口看到气泡	（1）汽缸体烧损； （2）汽缸盖或汽缸体有裂纹
进气歧管听到漏气声	进气门及座磨损或烧蚀
排气歧管听到漏气声	进气门及气门座磨损或烧蚀
机油尺口听到漏气声	活塞、活塞环或汽缸壁磨损

（3）汽缸漏气试验可更明确知道是哪一零件在漏气，造成汽缸压缩压力偏低。

16.4　发动机真空度的检测

一、真空表

（1）真空表用来测试进气歧管真空，怠速时其值在57~74kPa（43~56cmHg）。真空值不正确时，会影响换挡、燃油消耗与排气污染等。

（2）真空表由表体、软管及各式接头所组成，如图16-10所示。

图16-10　真空表的组成

（3）真空测试方法分为两种。

①一般运转真空测试(Running Vacuum Test)：测试发动机平时运转状态下的真空。

②起动运转真空测试(Cranking Vacuum Test)：测试发动机在起动时的真空。

二、发动机真空测试

🔷 真空测试前的准备工作

（1）检查真空软管是否龟裂。

（2）将真空表接在进气歧管上。

（3）发动机在热车状态。

❷ **一般运转真空测试**

（1）在怠速及加速时，查看真空表指针的移动。

（2）真空表读数的变化及其可能原因，见表16-4。

真空表读数的变化及其可能原因（1cmHg=1330.322Pa）　　　表16-4

图　示	读　数　变　化	可　能　原　因
	怠速时读数在45~50cmHg间且稳定	正常
	节气门打开再关闭时，指针降至5~10cmHg，再回到60cmHg	活塞环正常气门及气门座正常
	指针有规律地跌落5~10cmHg	气门及气门座烧触
	指针指在20~40cmHg	气门正时不正确
	指针掉落约5cmHg	气门与气门座密封不良
	指针频繁地在35~50cmHg间摆动	气门导管磨损
	指针在15cmHg以下	进气歧管垫片破漏化油器垫片破漏
	指针刚开始指示值高，接着逐渐降低至零	消声器堵塞

❸ **起动运转真空测试**

（1）发动机在热车状态。

（2）节气门全关。

（3）拆开点火开关IG端子。

（4）点火起动时，真空表指针应在稳定状态；若指针摆动不稳定，表示一缸或多缸漏气。

理论测试

一 填空题

1. 正时灯感应夹上的箭头应指向 _____。
2. 白金间隙的大小用 _____ 测量。
3. 点火正时不正确时,转动 _____ 来调整。
4. 测量的汽缸压缩压力若比标准值低 _____%,表示该汽缸必须修理。
5. 进行汽缸漏气试验时,该缸必须在 _____ 的位置。

二 选择题

1. 点火开关上的 S 端子,是接往( )。
   A. 收音机　　　　　　　　　B. 外电阻
   C. 起动机电磁开关　　　　　D. 点火线圈⊕端低压端子
2. 皮带紧度,是用98N力下压,皮带的下沉量为( )mm。
   A. 3~5　　　　　　　　　　B. 8~12
   C. 14~18　　　　　　　　　D. 20~25
3. 点火起动时,送电给点火线圈⊕端子的是点火开关的( )端子。
   A. B　　　　　　　　　　　B. IG
   C. S　　　　　　　　　　　D. R
4. 用来检查发动机运转时点火正时提前角度的是( )。
   A. 正时灯　　　　　　　　　B. 转速表
   C. 闭角表　　　　　　　　　D. 电压表
5. 转速闭角表无法测量( )。
   A. 蓄电池电压　　　　　　　B. 白金闭角
   C. 发动机转速　　　　　　　D. 白金间隙
6. 一般四缸发动机的白金间隙在( )mm。
   A. 0.25~0.35　　　　　　　B. 0.45~0.55
   C. 0.65~0.75　　　　　　　D. 0.85~0.95
7. 对白金闭角的检查与调整的叙述,错误的是( )。
   A. 白金闭角不对时,应调整白金间隙
   B. 四缸发动机白金闭角为49°~55°
   C. 检查白金闭角时,离心力点火提前机构的真空管应拉开并塞住
   D. 白金间隙小时白金闭角大
8. 以下的叙述正确的是( )。
   A. 混合比过浓时,发动机会排黑烟

B. 怠速混合比调整螺钉旋入时,混合比变浓

C. 混合比过稀时,发动机会排出大量的 CO

D. 怠速混合比调整螺钉旋出时,发动机转速降低

9. 湿压缩测试,若汽缸压缩压力明显升高,表示(　　)漏气。

　　A. 活塞环或汽缸壁　　　　　　B. 气门座

　　C. 气门　　　　　　　　　　　D. 汽缸垫

10. 对汽缸压缩压力测试前的叙述,错误的是(　　)。

　　A. 拆开熄火电磁阀的端子　　　B. 拆下各缸火花塞

　　C. 发动机在冷车时　　　　　　D. 拆开点火开关的 IG 端子

11. 相邻两缸的压缩压力均偏低时,可能是(　　)。

　　A. 活塞环漏气　　　　　　　　B. 汽缸垫破损

　　C. 进气门漏气　　　　　　　　D. 排气门漏气

12. 汽缸漏气试验时,若在散热器加水口看到气泡,表示(　　)。

　　A. 进气门及气门座烧蚀　　　　B. 排气门及气门座烧蚀

　　C. 汽缸垫烧损　　　　　　　　D. 汽缸壁磨损

三 判断题

1. 起动发动机前,应先检查机油液面高度及冷却液液面高度等。　　(　　)
2. 起动发动机时,每次通电时间不可超过 15s。　　　　　　　　　(　　)
3. 当发动机转速在 2000r/min 时,转速闭角表的旋钮应切换在 "LO" 位置。(　　)
4. 白金间隙正常,但白金闭角不符合规定时,表示白金触点磨损。　(　　)
5. 通常自动变速器汽车发动机的怠速转速比采用手动变速器的高。　(　　)
6. 汽缸压缩压力测试时,发动机转速必须在 150r/min 以上。　　　(　　)
7. 实施汽缸压缩压力测试时,化油器的阻风门及节气门必须全开。　(　　)
8. 各汽缸间的压缩压力相差超过 10% 时,表示发动机必须修理。　(　　)
9. 漏气试验器的响笛,是为了判定该缸是否漏气。　　　　　　　　(　　)
10. 发动机在怠速时的真空值在 43~56cmHg。(1cmHg=1330Pa)　　(　　)

四 简答题

1. 如何检测汽缸的压缩压力?

2. 检查汽缸漏气的方法及步骤是什么?

技能测试

基本点火正时与怠速调整（表16-5）

基本点火正时与怠速调整　　　　　表16-5

姓名：_____　班级：_____　学号：_____　得分：_____

测试项目		测　试		备注
		满分	得分	
完成时间	（　）min（　）s，限时30min			
（一）工作技能	1. 发动机在热车状态	8分	（　）	
	2. 白金闭角检查方法正确	10分	（　）	
	3. 白金闭角正确（±2°以内）	14分	（　）	
	4. 点火正时检查方法正确	10分	（　）	
	5. 点火正时正确（±2°以内）	18分	（　）	
	6. 怠速调整方法正确	10分	（　）	
	7. 怠速正确（±50r/min以内）	18分	（　）	
	8. 怠速运转时发动机稳定	12分	（　）	
（二）工作安全与态度（采取扣分方式）	1. 有不安全或不正确动作	扣4~12分	（　）	
	2. 损坏工作物	扣4~12分	（　）	
	3. 工具、仪器使用后未归定位	扣4~12分	（　）	
	4. 工作区未维持整洁	扣4~12分	（　）	
	5. 服装仪容不整	扣4~12分	（　）	
合计		100分	（　）	

参 考 文 献

[1] 中国汽车维修行业协会. 汽车发动机常见维修项目实训教材 [M].2 版. 北京：人民交通出版社股份有限公司,2018.

[2] 赖瑞海. 引擎原理及实习 [M]. 台北：全华图书股份有限公司,2008.

[3] 陈家瑞. 汽车构造 [M]. 北京：机械工业出版社,2007.

[4] 吉林大学汽车工程系. 汽车构造 [M].6 版. 北京：人民交通出版社,2013.

[5] 人民交通出版社汽车图书出版中心. 汽车典型结构图册 [M]. 北京：人民交通出版社,2008.